JOHN ECK

EL
AYUNO
para la liberación
y el avance

CASA
CREACIÓN
Para vivir la Palabra

Para vivir la Palabra

MANTÉNGANSE ALERTA;
PERMANEZCAN FIRMES EN LA FE;
SEAN VALIENTES Y FUERTES.
—1 CORINTIOS 16:13 (NVI)

El ayuno para la liberación y el avance por John Eckhardt
Publicado por Casa Creación
Miami, Florida
www.casacreacion.com
Copyright © 2016 por Casa Creación

Library of Congress Control Number: 205954297
ISBN: 978-1-62998-821-4
E-book ISBN: 978-1-62998-834-4

Desarrollo editorial: *Grupo Nivel Uno, Inc.*
Diseño interior: *Grupo Nivel Uno, Inc.*

Publicado originalmente en inglés bajo el título:
Fasting for Breakthrough and Deliverance
por Charisma House, A Charisma Media Company
Copyright © 2015 John Eckhardt
Todos los derechos reservados.

Visite la página web del autor: www. johneckhardtministries.com

Nota de la editorial: Aunque el autor hizo todo lo posible por proveer teléfonos y páginas de internet correctas al momento de la publicación de este libro, ni la editorial ni el autor se responsabilizan por errores o cambios que puedan surgir luego de haberse publicado.

Partes de este libro fueron previamente publicadas por Casa Creación en los libros: *Manual de liberación y guerra espiritual*, ISBN 978-1-62136-852-6, copyright © 2014; *Inquebrantable*, ISBN 978-1-62998-784-2, copyright © 2015; *Oraciones que derrotan a los demonios*, ISBN 978-1-59979-439-6, copyright © 2009; *Oraciones que rompen maldiciones*, ISBN 978-1-59979-591-1, copyright © 2010; *Oraciones que traen sanidad*, ISBN 978-1-61638-067-0, copyright © 2010; *Oraciones que activan las bendiciones*, ISBN 978-1-61638-316-9, copyright © 2011; *Oraciones que mueven montañas*, ISBN 978-1-61638-766-2, copyright © 2012; *El pacto de Dios con usted para su familia*, ISBN 978-1-62136-129-9, copyright © 2013; *El pacto de Dios con usted para su rescate y liberación*, ISBN 978-1-62136-472-6, copyright © 2014; y *El pacto de Dios con usted para obtener vida y favor*, ISBN 978-1-62136-964-6, copyright © 2015.

Impreso en Colombia

20 21 22 23 LBS 9 8 7 6 5 4 3 2 1

CONTENIDO

Capítulo 1

SINO CON ORACIÓN Y AYUNO

Pero este género no sale sino con oración y ayuno.

—MATEO 17:21

U STED HA ORDENADO, reprendido, clamado, y hecho oraciones y guerra espiritual, pero aún hay más que necesita ser quebrantado en su vida. Es el momento de añadir algo de ayuno a su estrategia de guerra. No hay otra manera de ataque contra algunas fortalezas demoníacas. No hay atajos. Usted tiene que ayunar y humillarse hasta que eso se rompa y deje su vida.

Los demonios son diferentes en cuanto a su maldad. Hay demonios que son más fuertes, más perversos, inmundos y tercos, y superiores en rango, capacidad e inteligencia. Cuanto más tiempo haya estado un demonio en su familia o en su vida, más difícil es removerlo porque sus raíces son muy profundas. Demonios como la rebelión, el orgullo, la brujería, Jezabel, la pobreza y la escasez, sólo pueden salir con un alto nivel de fe.

A veces parece como si no pudieran ser desalojados, y las personas se desaniman y frustran y sienten que han fracasado. En Mateo 17, los discípulos de Jesús se encontraron con un demonio en un muchacho que no pudieron sanar a causa de su incredulidad. La incredulidad nos impide lidiar con fortalezas. Se necesita fe para desalojar al enemigo. El ayuno ayuda a superar la incredulidad y desarrollar una fe fuerte.

Esta es la combinación sobrenatural que Jesús le dio a sus discípulos en Mateo 17: la oración y el ayuno. No estoy diciendo que, cuando ayune, usted ganará puntos con Dios o estará de alguna manera trabajando para disfrutar las bendiciones de Dios. Nosotros no ayunamos para ser salvos, ni complacer a Dios ni ir al cielo. No hay una ley que diga que si usted no ayuna irá al infierno. Ayunamos para que haya un avance y un avivamiento, por la familia y los seres queridos. ¡Porque las armas de nuestra milicia no son carnales, sino poderosas en Dios!

Algunas cosas necesitan el ayuno y la oración. No existe otra manera de resolverlo. Hay cierto tipo de demonios que simplemente no se rinden. Son fuertes, orgullosos, arrogantes y desafiantes. Son espíritus familiares que han estado en su familia. Pero tiene que llegar al punto donde, no importa en qué mal estado se encuentre su familia, usted dice: "Se detiene conmigo. Esto no va a pasar a otra generación. Hasta aquí, diablo. Si mi abuela o abuelo no se opusieron contra ello, si mis padres no lo derrotaron, yo voy a derrotarlo. Me niego a ser pobre, me niego a la bancarrota, me niego a estar enfermo, me niego a ser rechazado, me niego a estar en mal estado….¡No!".

A veces usted tiene que hacer algo inusual, extraordinario, y más allá de lo común para ver un gran avance. La Iglesia normal, el cristianismo normal, la predicación normal y la oración normal no van a hacer el trabajo. Alguna pequeña y dulce oración no lo va a hacer. La religión no lo ha logrado hacer. Tendrá que ser una unción que destruya el yugo. Cuando usted ayuna, la unción aumenta en su vida, ya que vive en el Espíritu. La autoridad de Dios, el poder de Dios y la fe de Dios cobran vida cuando usted pone a un lado algunas cosas y ayuna. Usted se encontrará cada vez más fuerte y más fuerte. Gritar no lo hace. Es la unción la que puede hacerlo.

Isaías 58 habla de cómo podemos ayunar para romper todo yugo y soltar las cargas pesadas. El ayuno logra que los oprimidos sean libres. El ayuno rompe ataduras y causa el avivamiento. Cuando usted lidia con un grave problema, tal vez está tratando con algo que no sabe cómo manejarlo, lo mejor que puede hacer a veces es dejar de comer por un poco de tiempo. Oren contra eso. El hombre no puede ser capaz de ayudarlo, y usted puede que no sepa cómo derrotarlo, pero con Dios todo es posible.

Mientras ayuna y se humilla ante el Señor, la gracia de Dios vendrá sobre su vida. El Señor será la fortaleza de su vida. Lo que no podía hacer en la carne, lo puede hacer por el Espíritu de Dios. Porque no es con ejército, ni con fuerza, ¡sino que cada montaña se mueve por el Espíritu del Señor!

Escuche, situaciones extraordinarias requieren medidas extraordinarias. A veces, sólo sucede cuando usted se desespera, cuando está tan cansado de ser derrotado y obstaculizado en alguna área.

Vamos a ver algunas victorias que no hemos visto antes. Vamos a obtener algunos avances que no hemos tenido antes. Vamos a ver algunos milagros que no hemos visto antes. Vamos a expulsar a algunos demonios que no hemos expulsados antes. Vamos a ver algunas maldiciones rotas que no se iban. Vamos a ver un poco de asuntos generacionales desarraigados que no podían ser desarraigados. ¡Vamos a ver un cambio! No una sola vez. Ni dos veces. Ni siquiera tres veces. Si usted tiene que ayunar más veces que eso, hágalo. No se rinda. Siga haciéndolo. Continúe hasta que sepa que tiene la victoria, hasta que tenga un gran avance, ¡hasta que sienta que algo se está rompiendo!

Tiene que llegar a estar tan cansado del diablo que usted diga: "Ya es suficiente. Si tengo que poner mi plato al revés para obtener un gran avance en esta área, no comeré". Cuando su estómago empiece a gritarle, dígale que se aguante. Al final, ¡usted va a ganar y obtendrá la victoria! ¡Deje que nuestros enemigos espirituales sean afligidos y consumidos en el nombre de Jesús!

Usted tiene que ser determinado: "Ningún demonio va a controlar mi vida. Soy un hijo de Dios, y a quien el Hijo libera es verdaderamente libre. No me importa cuán tenaz es esto, cómo trata de mantenerse. Voy a romper cada dedo y pulgar del enemigo. Voy a quebrarle sus muñecas, despojarlo de su control….¡Diablo, no puedes tener mi vida!". Esta es la fe y el ayuno inquebrantable y determinante que se desarrollarán en su vida para ver la liberación en todas las áreas que el enemigo ha tratado de tomar el control.

CÓMO AYUNAR

El ayuno es beneficioso sea que usted ayune parcial o totalmente. Los ayunos consistentes de un día fortalecerán su espíritu con el tiempo y le darán la posibilidad de disciplinarse para tener ayunos prolongados. Los ayunos de tres días con sólo agua son una manera poderosa de ver los avances. Ester y el pueblo de Israel entraron en un ayuno de tres días, cuando estaban buscando la liberación de la muerte a manos de Amán, el malvado consejero del rey (Ester 4:16). Los ayunos de más de tres días deben ser realizados por personas con más experiencia en el ayuno.

No le recomiendo ayunos largos, a menos que haya una emergencia o si uno es guiado por el Espíritu Santo para hacerlo. Daniel ayunó veintiún días y vio un gran avance para su pueblo (Dn. 9–10). Daniel también fue un profeta, y Dios usará a los profetas para ayunar por razones distintas para ver los avances. Jesús ayunó cuarenta días antes de comenzar su ministerio (Mt. 4:1–2). Moisés y Elías también ayunaron cuarenta días (Éx. 34:28; Dt. 9:9, 18; 1 R. 19:8). Sé de personas que han ayunado cuarenta días y han visto grandes avances.

Un ayuno parcial puede incluir algunos alimentos como las verduras y se puede hacer por periodos largos. Los ayunos completos constan de sólo agua, y el agua es importante para limpiar el sistema de toxinas que se liberan a través del ayuno. El Espíritu Santo le revelará cuando usted necesita ayunar. Un estilo de vida de ayuno es un estilo de vida de gran alcance.

ABORDE EL AYUNO CON HUMILDAD Y SINCERIDAD

En el tiempo de Jesús, los fariseos ayunaban con actitudes de orgullo y superioridad:

> El fariseo, puesto en pie, oraba consigo mismo de esta manera: Dios, te doy gracias porque no soy como los otros hombres [...] ayuno dos veces a la semana...
>
> —LUCAS 18:11–12

Cada vez que está lleno de orgullo, es legalista y religioso, usted puede ayunar y orar todo lo que quiera, pero no verá muchos milagros. Los fariseos no veían ningún milagro ocurrir como resultado de su oración y ayuno. No tenían ningún poder. Jesús efectuaba todos los milagros, porque Él era humilde y lleno de misericordia, amor y compasión hacia las personas.

Los fariseos no tenían más que túnicas largas puestas, túnicas sin milagros. No podían sanar ni un dolor de cabeza, ni una picadura de mosquito ni un uñero. No tenían el poder porque no eran humildes ni mostraban piedad. Jesús apareció y rompió todas sus reglas. Él sanó a los enfermos, resucitó a los muertos y echó fuera los demonios. Por eso, ellos querían matarlo. No estaban preocupados por la gente. Estaban más preocupados por sus posiciones y sus títulos. Jamás llegue a permitir que su posición o título desalojen de su vida la humildad y la misericordia de Dios. Siempre sea humilde. Siempre sea misericordioso.

Debemos acercarnos al ayuno con humildad. El ayuno debe ser genuino y no religioso o hipócrita. Esto es lo que Dios requiere en el ayuno. Debemos tener motivos correctos cuando ayunamos. El ayuno es un recurso poderoso si se hace correctamente. Los musulmanes e hindúes ayunan, pero sus ayunos son meramente religiosos. Los grandes milagros y avances suceden cuando el ayuno se hace en el espíritu correcto.

Isaías capítulo 58 describe el ayuno que Dios ha escogido:

+ El ayuno no se puede hacer para buscar su propio gusto (v. 3).
+ El ayuno no se puede hacer mientras oprime a otros (v. 3).
+ El ayuno no se puede hacer para contiendas o debates (v. 4).
+ El ayuno debe causar que uno incline la cabeza en aflicción, como un junco (v. 5).
+ El ayuno debe ser un momento de buscar el corazón y arrepentirse (v. 5).
+ El ayuno debe hacerse con una actitud de compasión por los perdidos y heridos (v. 7).

Este es el ayuno que Dios promete bendecir.

El enemigo conoce el poder de la oración y el ayuno, y él hará todo lo posible para detenerle. Los creyentes que comienzan a ayunar pueden esperar encontrar mucha resistencia espiritual. Un creyente debe estar comprometido con un estilo de vida de ayuno. Las recompensas del ayuno son muy superiores a los obstáculos del enemigo.

EL AYUNO CONLLEVA UNA RECOMPENSA ABIERTA

El ayuno tiene grandes recompensas. Muchos creyentes no son conscientes de las grandes recompensas que vienen a través del ayuno. La comprensión de los grandes beneficios del ayuno motivará a más creyentes para que éste sea una parte común de su vida. Mateo 6:17–18 dice: "Pero tú, cuando ayunes, unge tu cabeza y lava tu rostro, para no mostrar a los hombres que ayunas, sino a tu Padre que está en secreto; y tu Padre que ve en lo secreto te recompensará en público".

Dios promete recompensar a los que ayunan en secreto. Esto significa que las personas van a ver la bendición de Dios sobre sus vidas. Abraham es un ejemplo de alguien que creyó en la promesa de Dios para recibir una recompensa.

> Después de estas cosas vino la palabra de Jehová a Abram en visión, diciendo: No temas, Abram; yo soy tu escudo, y tu galardón será sobremanera grande.
>
> —GÉNESIS 15:1

La recompensa es el favor, la abundancia y la bendición de Dios. Las recompensas abiertas del ayuno incluyen bendiciones, abundancia, favor, y prosperidad. Aprenda el secreto para obtener la recompensa de Dios por medio del ayuno en privado. Nadie tiene por qué saber que está ayunando. Mientras usted es guiado por el Espíritu Santo, haga de éste una disciplina personal entre usted y Dios, y vea cómo Él le recompensa.

Pero sin fe es imposible agradar a Dios; porque es necesario que el que se acerca a Dios crea que le hay, y que es galardonador de los que le buscan.

—HEBREOS 11:6

DECLARE LOS BENEFICIOS DEL AYUNO SOBRE SU VIDA

Señor, yo creo en el poder del ayuno que tú escogiste (Is. 58).

Señor, permite que mi ayuno destruya los yugos
que el enemigo ha puesto contra mí.

Permite que tu luz ilumine mi vida a través del ayuno que tú escogiste.

Permite que la salud y la sanidad sean derramadas
sobre mí a través del ayuno que tú escogiste.

Permíteme ver los avances de salvación y liberación
en mi vida a través del ayuno que tú escogiste.

Permite que los milagros sean liberados en mi
vida a través del ayuno que tú escogiste.

Permite que tu poder y autoridad sean liberados en
mi vida a través del ayuno que tú escogiste.

Humillo mi alma a través del ayuno; permite que tu favor me exalte.

Expulso cada demonio obstinado de mi vida
a través del ayuno que tú escogiste.

Permite que la bendición de tu pacto y tu misericordia sean
liberadas en mí a través del ayuno que tú escogiste.

Nada es imposible para ti, Señor; permite que mis imposibilidades
se conviertan en posibilidades a través del ayuno que tú escogiste.

Permite que cada asignación del infierno contra mí
sea rota a través del ayuno que tú escogiste.

Permite que todo orgullo, rebelión y brujería que operan en mi
vida sean destruidos a través del ayuno que tú escogiste.

Permite que tu unción aumente en mi vida
a través del ayuno que tú escogiste.

Déjame disfrutar la restauración a través del ayuno que tú escogiste.

Permite que toda carnalidad sea reprendida de mi
vida a través del ayuno que tú escogiste.

Permite que todos los hábitos y la iniquidad en mí sean
rotos y vencidos a través del ayuno que tú escogiste.

Permite que mis oraciones sean contestadas rápidamente
a través del ayuno que tú escogiste.

Manifiesta tu gloria en mí a través del ayuno que tú escogiste.

Permite que las fortalezas de impureza sexual y la lujuria
sean rotas en mi vida a través del ayuno que tú escogiste.

Permite que la enfermedad y la dolencia sean destruidas en mi vida,
y permite que la sanidad llegue a través del ayuno que tú escogiste.

Permite que toda pobreza y escasez en mi vida sean
destruidas a través del ayuno que tú escogiste.

Remueve toda opresión y tormento de mi vida
a través del ayuno que tú escogiste.

Humillo mi alma con ayuno (Sal. 35:13).

Me convertiré al Señor con ayuno, lloro y lamento (Jl. 2:12).

Este "género" que enfrento saldrá de mí a través
del ayuno y la oración (Mt. 17:21).

Voy a ayunar según el ayuno que el Señor escogió (Is. 58:5).

Voy a proclamar un ayuno y humillarme delante de nuestro Dios, para buscarlo de manera correcta para mi familia y todas nuestras posesiones (Esd. 8:21).

Ayuno para desatar las ligaduras de impiedad, soltar las cargas de opresión, dejar ir libres a los quebrantados, y romper todo yugo (Is. 58:6).

Dirigiré mis súplicas al Señor para buscarle en oración, ruego, en ayuno, cilicio y ceniza (Dan. 9:3).

Ayunaré en el lugar secreto, y mi Padre que ve en lo secreto me recompensará en público (Mt. 6:18).

No me apartaré del templo del Señor, sirviendo de noche y de día con ayunos y oraciones (Lc. 2:37).

Capítulo 2

ROMPA TODA CADENA

Subirá el que abre caminos delante de ellos; abrirán camino y pasarán la puerta, y saldrán por ella; y su rey pasará delante de ellos, y a la cabeza de ellos Jehová.

—MIQUEAS 2:13

HAY ALGUNAS COSAS en nuestras vidas que no pueden permanecer si es que vamos a caminar victoriosamente y en pacto con Dios. Hemos pasado demasiado tiempo y sido muy condescendientes con el enemigo permitiéndole que cause estragos en nuestras vidas. El ayuno puede liberar la unción del que abre caminos. El profeta Miqueas profetizó delante de su pueblo que vendría el día del que abre caminos. Estamos viviendo en los días del que abre caminos.

El Señor es el que abre caminos. Él es capaz de romper cualquier obstáculo u oposición a favor de su pueblo de pacto. Hay una unción del que abre caminos surgiendo en la iglesia. Estamos viendo y experimentando más avances que nunca. El ayuno causará que sigan los avances en las familias, las ciudades, naciones, finanzas, el crecimiento de la iglesia, la salvación, sanidad y liberación. Esto ayudará a los creyentes a romper toda oposición del enemigo.

Como ya he dicho, hay algunos espíritus que operan en nuestras vidas que no se pueden superar sin el ayuno. Algunos creyentes luchan con ciertas limitaciones que no les permiten ver el avance. La revelación del ayuno cambiará esto y resultará en victorias que no se obtendrían normalmente. Una vida de ayuno constante hará que muchas victorias se manifiesten. La voluntad de Dios es que cada creyente viva una vida de victoria donde nada sea imposible para él.

Hay espíritus tenaces que sólo responderán al ayuno y la oración. Vamos a hablar acerca de la naturaleza de tales espíritus en el próximo capítulo. Y a lo largo del libro, en los capítulos 5 al 30, me enfocaré en las áreas de opresión demoníaca o angustia que pueden llegar a tal nivel en la vida de una persona que no se rompen fácilmente, excepto a través del ayuno y la oración. Todos podemos lidiar con problemas en la vida de vez en cuando, y pueden pasar rápidamente o ser resueltos, pero los problemas que estoy trayendo en este libro son de larga duración; problemas profundamente arraigados para quien ha estado buscando avanzar y, sin embargo, anda buscando la paz, la victoria, o escuchar una palabra del Señor al respecto. Estoy hablando de cosas como fortalezas generacionales, las cuales se aferran tenazmente a las familias y naciones durante años, o personas que siguen esperando y esperando oír de Dios sobre un determinado asunto o decisión y el cielo parece estar en silencio. El ayuno romperá estas fortalezas que se interponen en su camino para recibir de parte del Señor. Estas fortalezas son la pobreza, la enfermedad, la brujería, la impureza sexual, el orgullo, el miedo, la confusión y los problemas maritales. El ayuno nos ayudará a superar estas fortalezas y liberarnos de sus limitaciones.

Como creyente, la liberación y la libertad son parte de su paquete de salvación. El enemigo lucha con usted por esta libertad. Es por ello que estamos en una batalla. Él quiere robarle continuamente lo que ya ha sido reclamado para usted. Jesús le dio a usted la autoridad para que lo detenga de tomar lo que Dios ya ha dicho es suyo.

Acompañe su ayuno con oración poderosa

No tiene mucho sentido el ayuno espiritual sin la oración centrada e intensa dirigida hacia un asunto o situación. La oración es un arma poderosa para los creyentes que odian las obras de las tinieblas (Sal. 139:21). ¿Aborreces todo camino de mentira (Sal. 119:104)? Cuando se tiene el temor del Señor se aborrecerá el mal (Pr. 8:13), y sus oraciones justas lo reflejarán.

Debido a que usted aborrece el mal y ama lo que es bueno, sus oraciones de guerra no sólo serán para obtener la victoria en su ciudad, región o nación, sino que también serán dirigidas para tener un gran avance en su vida personal. Sus oraciones pueden derribar fortalezas.

Cuando usted ora, está haciendo cumplir la victoria sobre Satanás que fue ganada en la cruz. Usted está ejecutando las sentencias escritas en su contra a través de sus oraciones. Usted está reforzando el hecho de que los principados y potestades han sido despojados de poder (Col. 2:15). Este honor es dado a todos sus santos.

Es por esto que es tan lamentable que haya tantos creyentes que luchan con la oración. Muchos dicen que no saben cómo orar. Algunos se han desanimado en la oración. Es por ello que todavía hay muchas áreas de su vida que están aún bajo la opresión del enemigo. El Señor me enseñó hace mucho tiempo la importancia de orar la Palabra para vencer la resistencia espiritual al plan de Dios para mi vida. El Espíritu Santo me ha ayudado a entender muchas escrituras y cómo usarlas en la oración para que yo pueda seguir caminando en victoria. Verá estas oraciones a través de todo este libro colocadas específicamente en cada área para ayudarle a iniciar sus propias oraciones en el área que usted necesita un gran avance.

Cuando usted basa sus oraciones en la Palabra de Dios, será inspirado a orar. Orar la Palabra de Dios ampliará su capacidad para orar. Se despertará un espíritu de oración dentro de usted. Se nos dice que oremos con todo tipo de oraciones (Ef. 6:18). Orar la Palabra hará que usted haga muchos tipos diferentes de oraciones que normalmente no hubiera orado. Esto ayudará a romper las limitaciones de su vida de oración. Leer, estudiar y meditar en las promesas de Dios le motivará a orar. Dios nos ha dado muchas promesas; promesas grandes y preciosas para ayudarle, para guardarle y librarle de la mano del enemigo, y para sanarle y prosperarle. Es a través de la oración llena de fe que usted hereda estas promesas del pacto (Heb. 6:12).

La oración es también una de las formas en que liberamos la voluntad de Dios sobre la tierra. Debemos estudiar la Palabra de Dios con el fin de conocer la voluntad de Dios. Esta es la razón por la cual la oración y la Palabra deben combinarse. Daniel fue capaz de orar eficazmente, porque conocía la Palabra de Dios con respecto a su pueblo (Dn. 9:2–3).

Debemos orar con el entendimiento (1 Co. 14:15). La comprensión de la voluntad de Dios nos ayudará a orar correctamente. La Palabra de Dios es la voluntad de Dios. No debemos ser insensatos; debemos entender cuál es la voluntad del Señor (Ef. 5:17). La oración también nos ayuda a caminar perfectos y completos en toda la voluntad de Dios (Col. 4:12).

Se nos anima a invocar al Señor. Él ha prometido mostrarnos cosas grandes y ocultas (Jer. 33:3). El Señor se deleita en nuestras oraciones. Él se deleita en responder a nuestras oraciones. Antes de que nosotros clamemos, Él responderá (Is. 65:24). Los oídos del Señor están atentos a las oraciones de los justos (1 P. 3:12). La oración eficaz del justo puede mucho (Stg. 5:16). Se nos dice que oremos sin cesar (1 Tes. 5:17).

Nuestro Dios escucha la oración. Toda carne debe venir a Él en oración (Sal. 65:2). Todos los creyentes tienen problemas similares, y todos los creyentes pueden superar estos desafíos a través de la oración. Dios no hace acepción de personas (Hch. 10:34). Él está cerca de todos los que le invocan (Sal. 145:19). El Señor escuchará su súplica y recibirá sus oraciones (Sal. 6:9). Invocar al Señor traerá la salvación y liberación de sus enemigos (Sal. 18:3). Esta siempre ha sido una clave para la liberación. Usted puede clamar desde cualquier situación adversa. El Señor es su ayudador. Dios no rechazará sus oraciones (Sal. 66:20). Dios no despreciará sus oraciones (Sal. 102:17). Las oraciones de los rectos son el gozo de Dios (Pr. 15:8).

Dios ha prometido recrearnos en la casa de oración (Is. 56:7). La casa de Dios es llamada una casa de oración para todas las naciones. Creo que no solo debemos orar, sino también disfrutar de la oración. El gozo del Señor es nuestra fortaleza. La oración debe producir una gran cantidad de milagros y recompensas. Aquellos que disfrutan de los resultados de la oración disfrutarán de una vida emocionante.

David fue un rey que entendió el lugar de la oración en la victoria. Tuvo muchas victorias sobre sus enemigos. Él vio liberaciones poderosas a través de la oración. Él oraba por la derrota de sus enemigos y Dios le respondía. Nosotros vamos a tener los mismos resultados sobre nuestros enemigos espirituales. No tenemos lucha contra sangre y carne. Debemos vencer a los principados y potestades con la armadura de Dios. Debemos tomar la espada del Espíritu y orar con toda oración (Ef. 6:12–18).

Las oraciones de David terminaron con el Salmo 72:20. Él las terminó orando para que toda la tierra sea llena de la gloria de Dios. Este es el final de la oración. Creemos que la tierra será llena del conocimiento de la gloria de Jehová, como las aguas cubren el mar (Hab. 2:14). Este es nuestro objetivo. Vamos a continuar orando hasta el cumplimiento de esta promesa. Vamos a ver el crecimiento del reino de Dios y la destrucción de los poderes de la oscuridad a través de nuestras oraciones. El avivamiento y la gloria están aumentando. Nuestras oraciones son como gasolina para el fuego.

Nuestras oraciones llenas de fe, junto con tiempos periódicos de ayuno son claves para ver los milagros y el avance de manera consistente. Todo lo que pedimos en oración, creyendo, lo recibiremos (Mt. 21:22).

ORACIONES QUE ROMPEN LOS PODERES DE LAS TINIEBLAS

Permite que el asirio sea quebrantado en mi tierra
(Is. 14:25).

Quebranta las puertas de bronce, y haz pedazos
los cerrojos de hierro (Is. 45:2).

Quebranta cada yugo de mi cuello, y rompe toda
coyunda en el nombre de Jesús (Jer. 30:8).

Quebrántalos con vara de hierro, y desmenúzalos
como vasija de alfarero (Sal. 2:9).

Quebranta el brazo del inicuo (Sal. 10:15).

Oh Dios, quiebra sus dientes en sus bocas. Quiebra
las muelas de los leoncillos (Sal. 58:6).

Permite que el opresor sea aplastado (Sal. 72:4).

Permite que los brazos de los impíos sean quebrados (Sal. 37:17).

Permite que los cuernos del impío sean quebrados (Dn. 8:8).

Permite que los reinos de las tinieblas sean quebrantados (Dn. 11:4).

Permite que los fundamentos de los impíos sean destruidos (Ez. 30:4).

Permite que los reinos de Babilonia sean derribados (Jer. 51:58).

Permite que todos los arcos de los impíos sean rotos (Sal. 37:14).

Quebranto los caballos y a sus jinetes (Jer. 51:21).

Quebranto los carros y a los que en ellos suben (Jer. 51:21).

Quebranto a jefes y a príncipes (Jer. 51:23).

Permite que la Palabra que salga de mi boca sea como fuego
y como martillo que quebranta la piedra (Jer. 23:29).

Desbarata toda pared que el enemigo haya erigido en mi vida (Ez. 13:14).

Demuelo todo altar erigido por el enemigo contra
mi vida en el nombre de Jesús (Os. 10:2).

Permite que las estatuas e imágenes de la tierra sean
destruidas por tu poder, oh Dios (Dt. 7:5).

Rompo y anulo todo pacto demoniaco hecho por mis
ancestros en el nombre de Jesús (Is. 28:18).

Capítulo 3

EL AYUNO QUE DESTRUYE FORTALEZAS Y DEMONIOS OBSTINADOS

Jesús les dijo: Por vuestra poca fe; porque de cierto os digo, que si tuviereis fe como un grano de mostaza, diréis a este monte: Pásate de aquí allá, y se pasará; y nada os será imposible. Pero este género no sale sino con oración y ayuno.

—MATEO 17:20–21

DIOS QUIERE ROMPER y destruir algunas cosas obstinadas en su vida. La liberación de todos sus enemigos es un beneficio de caminar en pacto con Dios. Él quiere liberarle de todas las asechanzas del diablo, incluso de las que piensa que nunca será libre. Estoy hablando de los problemas persistentes que no parecen moverse o romperse, no importa cuánto usted ora y hace guerra, cosas que simplemente no parecen irse. Muchas personas se frustran y desaniman porque eso sólo los agota. Pero Dios tiene un plan para su liberación, una vía de escape de las trampas del enemigo. El Señor dice:

"En tiempo aceptable te he oído, *y en día de salvación* te he socorrido". He aquí ahora el tiempo aceptable; *he aquí ahora el día de salvación.*

—2 CORINTIOS 6:2, ÉNFASIS AÑADIDO

—No tengan miedo—les respondió Moisés—. Mantengan sus posiciones, que hoy mismo serán testigos de la salvación que el SEÑOR realizará en favor de ustedes.

—ÉXODO 14:13, NVI

"ESTE GÉNERO"

Como ya he mencionado brevemente en el capítulo 2, hay diferentes tipos de demonios. Algunos demonios son muy fáciles de echar fuera de su vida. Otros demonios siempre dan la batalla. Se necesita mucha más fuerza y unción para romper su poder. En Mateo 17 está la historia de un hombre que llevó a su hijo a los discípulos de Jesús y no le pudieron sanar.

18

Y reprendió Jesús al demonio, el cual salió del muchacho, y éste quedó sano desde aquella hora. Viniendo entonces los discípulos a Jesús, aparte, dijeron: ¿Por qué nosotros no pudimos echarlo fuera? Jesús les dijo: Por vuestra poca fe; porque de cierto os digo, que si tuviereis fe como un grano de mostaza, diréis a este monte: Pásate de aquí allá, y se pasará; y nada os será imposible. Pero este género no sale sino con oración y ayuno.

—MATEO 17:18–21

La escritura dice: "este género", la cual nos ayuda a entender que hay diferentes tipos de demonios. Algunos demonios son más fuertes que otros. Algunos demonios son más obstinados y desafiantes que otros. Existen muchas razones por las que un espíritu puede ser obstinado en la vida de una persona.

A veces estas cosas pueden ser arraigadas bien profundas, fuertes y tenaces, debido a que no sólo han estado en su vida, sino que también han estado en la vida de su familia por generaciones. A veces, un demonio en la vida de una persona es como una planta que tiene un sistema de raíces complejas. Cuanto más profundo vayan las raíces en el terreno, más difícil será arrancar la planta. Y a veces, la gente ha tenido espíritus en su vida durante tantos años que ya han desarrollado un fuerte sistema de raíces. Cuando tratan de sacarlos, no salen con sólo tirar de ellos. Tienen que llegar hasta las raíces y cortarlas, y luego arrancarlas.

Si usted tiene manos de jardinero o ha hecho algo de jardinería, entonces usted sabe que todas las malas hierbas no son las mismas. Usted puede encontrarse con una mala hierba y tirar y tirar, y ella no va a ceder. Ha estado ahí tanto tiempo que sus raíces han profundizado en el suelo. Cuando digo "tenaz", no me refiero a la terquedad, que es un demonio en sí mismo. Me refiero a un espíritu que es muy difícil de remover. Jesús nos da la clave, que es la oración y el ayuno. Si tiene alguno de estos problemas en su vida, creo que la oración y el ayuno son la manera de romper su poder y echarlos fuera de su vida. Simplemente no hay manera de evitarlo.

ENFRENTAR A GOLIAT

Cuando nos enfrentamos a demonios obstinados y fortalezas, es como si estuviéramos frente a Goliat. Todo Israel se sentía intimidado por Goliat porque era un gigante. Desafió a todos durante cuarenta días y cuarenta noches para que vinieran y pelearan con él. Nadie aceptó el desafío hasta que David se presentó. David dijo: "¿Quién es este filisteo incircunciso que se atreve a desafiar a los escuadrones del Dios viviente? ¡Voy a pelear con él!" (ver 1 S. 17:26). David era un peleador. Y yo ruego que el espíritu de David venga sobre usted en esta hora. Cada vez que un Goliat se levante y lo desafíe, oro para que diga: "Dios no me ha dado espíritu de cobardía, sino de poder, de amor y de dominio propio" (ver 2 Ti. 1:7). Y así como lo hizo David, no sólo que usted mate al enemigo, sino que también ¡le corte la cabeza!

Piense acerca de las armas de David. Él trató de usar la armadura del rey Saúl, pero era demasiado grande y pesada. Él fue a la batalla con su propia honda pequeña. ¿Una honda? ¿Contra un gigante? A veces, las armas que Dios nos da para luchar y derrotar al enemigo son las más inusuales. Sin embargo, "las armas de nuestra milicia no son carnales, sino poderosas en Dios para la destrucción de fortalezas" (2 Co. 10:4). Utilice el arma de la alabanza. Utilice el arma de la adoración. Utilice el arma de la Palabra. Utilice el arma de la oración y el ayuno. Declare: "No estoy tratando de hacer esto en mi carne. Dios, te ruego. Ayuno. Me humillo ante ti. Yo sé que no es con ejército, ni con fuerza, sino por el Espíritu del Señor, ¡que toda montaña será removida de mi vida!".

Es el momento de ser libre de todo demonio obstinado y testarudo que trata de evitar que haga lo que Dios le ha llamado a hacer. Párese firme y diga: "No, diablo, 'este género' se irá. Voy a orar y ayunar hasta que consiga un gran avance. Porque no voy a permitir que nada me impida hacer lo que Dios me ha asignado que yo haga".

NO PIERDA LA ESPERANZA

Una de mis escrituras favoritas es: "La esperanza que se demora es tormento del corazón; pero árbol de vida es el deseo cumplido" (Pr. 13:12). En otras palabras, cuando se tiene la esperanza de que algo sucederá pero se sigue retrasando, usted se desanima y siente el deseo de rendirse. Sin embargo, cuando el deseo viene y se obtiene aquello por lo que había estado esperando y creyendo, usted se siente vivo y vigorizado, realizado. La Biblia llama a esto "un árbol de vida".

Una de las claves para disfrutar la vida, la vida abundante, y disfrutar de la vida en Dios, es que sus esperanzas se cumplan. Cuando siempre se queda en ese lugar de esperanza y esperanza, este retraso se convierte en desesperanza, desaliento, frustración, depresión y tormento. Cuando la gente parece que no puede conseguir un gran avance en ciertas áreas particulares, se dan por vencidos. Algunos han dejado la iglesia o dejado a Dios, porque eso que ellos esperaban se rompería es tan tenaz que no se remueve de sus vidas. Pero yo estoy comprometido a ver demonios obstinados y fortalezas ser destruidos. No importa qué tan fuerte o persistente sea un demonio, ¡Dios todavía tiene todo el poder!

Uno de los animales más desafiantes y obstinados es la mula. Si las mulas no quieren hacer algo, usted no puede hacer que lo hagan. Ellas simplemente no ceden. Usted tiene que arrastrarlas. Mi oración es que a través de este libro, y otros más, usted encuentre los recursos y estrategias de parte de Dios para tratar con los espíritus de mulas, demonios burros, y todos esos demonios que dicen 'no' cuando le ordenan que salgan (a veces dicen que no antes de decirle que salgan). Ellos van a salir en el nombre de Jesús por medio de la oración y el ayuno.

ORACIONES PARA DESTRUIR FORTALEZAS Y DEMONIOS OBSTINADOS

Ato, reprendo, y echo fuera a todos los demonios obstinados
que intentan mantenerse obstinadamente
en mi vida en el nombre de Jesús.

Vengo contra toda fortaleza tenaz y le ordeno que ceda
ante el poder de Dios y el nombre de Jesús (2 S. 5:7).

Pongo resistencia a toda fortaleza y demonio obstinado, y
rompo su control en mi vida en el nombre de Jesús.

Arranco de raíz toda raíz tenaz en mi vida
en el nombre de Jesús (Mt. 15:13).

Ordeno que todo yugo tenaz, como de hierro, se
desmorone y rompa en el nombre de Jesús (Jue. 1:19).

Rompo el poder de cada demonio orgulloso, obstinado
y arrogante que se levanta contra Cristo, y ordeno
que sea humillado en el nombre de Jesús.

Rompo el poder de toda iniquidad en mi familia que
obstinadamente trata de controlar mi vida en el nombre de Jesús.

Vengo contra todo demonio obstinado y rompo su
influencia en mi vida en el nombre de Jesús.

Reprendo todos los patrones persistentes y habituales de
fracaso y frustración en mi vida en el nombre de Jesús.

Reprendo todos los faraones obstinados que intentan
detener al pueblo de Dios, y les ordeno que dejen ir al
pueblo de Dios, en el nombre de Jesús (Éx. 8:32).

Ato y reprendo a todo enemigo obstinado, que tenazmente se
me opone y no me deja avanzar, en el nombre de Jesús.

Reprendo a todo demonio obstinado que intenta resistir el poder
de Dios y la autoridad que tengo por medio de Jesucristo, y
se hace impotente para resistirlos, en el nombre de Jesús.

Vengo contra todo patrón persistente que me limita y lo
hago impotente contra mí, en el nombre de Jesús.

No hay nada imposible por la fe, y libero mi fe
contra todo demonio tenaz y obstinado, y lo resisto
firmemente, en el nombre de Jesús (Mt. 19:26).

Hago débil, rompo y presiono a cada fortaleza y demonio obstinado.
Se hace cada vez más y más débil, y yo me hago cada vez más y más
fuerte. Hago larga guerra contra ti, hasta que seas completamente
derrotado y destruido de mi vida en el nombre de Jesús (2 S. 3:1).

Ordeno que todo yugo tenaz, como de hierro, se desmorone
y rompa. Hago cerco contra toda fortaleza obstinada
través de la oración y el ayuno, hasta que sus murallas
se derrumben en el nombre de Jesús (Dt. 20:19).

Uso el poder de la oración y el ayuno para demoler todas las puertas
de toda fortaleza obstinada en el nombre de Jesús. Que todo muro
de Jericó caiga por medio de mi alabanza, mientras levanto mi voz
como trompeta contra ti en el nombre de Jesús (Jos. 6:1, 20).

Que cada tocón demoníaco sea removido de
mi vida en el nombre de Jesús.

Rompo la voluntad de todo espíritu obstinado que trata de
permanecer en mi vida en el nombre de Jesús. No tiene
ninguna voluntad para permanecer, su voluntad se rompe, y se
somete al nombre de Jesús y al poder del Espíritu Santo.

Vengo contra toda fortaleza y demonio obstinado en mi familia
que se ha negado a abandonar, y asalto toda fortaleza demoníaca
que ha sido construida por generaciones, en el nombre de Jesús.

Reprendo toda mula obstinada y todo toro de Basán de
mi vida en el nombre de Jesús. Rompo su voluntad contra
mí en el nombre de Jesús. Está derrotado y debe inclinarse
ante el nombre que es sobre todo nombre (Sal. 22:12).

La unción es cada vez mayor en mi vida por medio de la oración y
el ayuno, y todo yugo obstinado está siendo destruido (Is. 10:27).

Capítulo 4

EL AYUNO QUE AUMENTA SU FUERZA EN LA LARGA GUERRA

Hubo larga guerra entre la casa de Saúl y la casa de David; pero David se iba fortaleciendo, y la casa de Saúl se iba debilitando.
—2 SAMUEL 3:1

PUEDE QUE NO le guste esta larga guerra. Yo no le culpo. ¿Quién podría? Queremos que termine rápidamente. Pero algunas guerras no terminan rápidamente. Si usted está luchando contra un enemigo obstinado que se niega a rendirse, entonces sepa que sólo va a luchar y luchar. Hay demonios que luchan y luchan por aferrarse. Pero le tengo buenas noticias. Si se mantiene ejerciendo resistencia ante el enemigo, se hará más y más fuerte, y él se hará más y más débil.

Lo que los demonios no pueden manejar es una guerra larga. Ellos quieren que usted les golpee y se dé por vencido. Pero usted tiene la mentalidad de que seguirá en la oración, en el ayuno y presionando a este demonio, ¡ya que es sólo cuestión de tiempo antes de que se quebrante!

A veces hay que debilitar a los demonios. Hemos experimentado esto en nuestro ministerio de liberación de la Crusaders Church. Hemos tratado con demonios que son muy fuertes. Durante un período de tiempo vamos a orar, ayunar, reprender y mantener varias sesiones que tratan con el mismo demonio, pero después de un tiempo vamos a ver a ese demonio cada vez más débil.

Cuando empiece a orar por la liberación de algunos espíritus demoníacos, ellos le dirán: "Nosotros no nos vamos. No nos puede cancelar o echar fuera. Usted no tiene poder. Vamos a quedarnos aquí. Vamos a destruir. Usted nos pertenece. Esta es nuestra casa". Usted sólo dice: "Está bien. Sólo sigue hablando. Voy a orar, hablar en lenguas, ayunar, reprender al diablo, aplicar la sangre, citar escrituras…". Después de un tiempo, esos mismos demonios difíciles dirán: "¿Nos dejas en paz? ¿Nos darías un descanso? Nos sacas de quicio". Siempre podrá darse cuenta cuándo los demonios están comenzando a debilitarse, ya que se enojan y empiezan a amenazar. Ellos dirán: "Vamos a matarte". No tenga miedo. Eso se llama pánico. Cuando usted comienza a ver al diablo entrar en pánico, usted sabe que necesita seguir poniendo presión hasta que salga fuera de su vida. Simplemente porque es una larga guerra no significa que usted está perdiendo. La gente me pregunta por qué Dios permitiría que ciertas cosas se queden en nuestra vida durante largos períodos de tiempo. Dios lo permite, porque Él quiere enseñarnos cómo luchar. Se aprende sobre la fe y la persistencia en una larga guerra. Usted necesita eso como hijo de Dios. Tiene que aprender a pararse firme en la fe al enfrentar situaciones imposibles. Usted no mira cómo se ven las cosas. Tiene que creer en Dios.

Cuando Dios envió a los israelitas a la tierra para expulsar a los enemigos, no los sacaron a todos ellos en un año. Dios no les permitió sacar a todos sus enemigos de la tierra en un año. El versículo dos de Jueces 3 dice que Dios dejó algunas de las naciones de Canaán para enseñarle a Israel a cómo luchar, cómo hacer guerra. Muchos de los que habían salido de Egipto no sabían nada sobre guerra.

A veces, mientras usted lucha contra las tinieblas, el Señor le está enseñando cómo hacer guerra, cómo usar su fe, cómo usar la Palabra, cómo usar la oración, y la manera de pararse firme. Él quiere enseñarle a pelear para que no sea un cobarde en el ejército del Señor. Los más grandes guerreros en el reino de Dios son aquellas personas que han tenido que librar batallas por sí mismos y superar algunas cosas. Cuando usted supera esas cosas, deja de ser una teoría de la Biblia. Usted sabe que la victoria es real. Ya sabe cómo obtener la victoria. Eso le da mucha más capacidad de luchar por los demás, hacer guerra por otras personas, utilizar su fe, y desarrollar su fuerza en el Señor. A veces, sus victorias personales le preparan para poder ayudar a alguien más a conseguir la victoria.

A un gran número de creyentes no les gusta la larga guerra. Se dan por vencidos. Con esto es lo que el enemigo está contando. Él espera que el pueblo de Dios se canse y renuncie. Lo que él quiere que sintamos es que no podemos hacerlo, que no podemos vencerlo, y que no vamos a ganar. Él quiere engañarnos con que no somos lo suficientemente fuertes. Pero yo le digo, no se rinda. No se entregue a morir. Si Dios es por usted, ¿quién contra usted (Ro. 8:31)? Dios está de su lado. Puede que tenga que luchar por lo que es suyo, y puede tomar algún tiempo. Pero usted, cuando ora y ayuna y se compromete a ver la victoria, no importa cuánto tiempo tome, es sólo cuestión de tiempo hasta que el enemigo se quebrante, y usted tendrá la victoria.

No, tres veces no es un amuleto

En 2 Reyes 13:14–19 se nos presenta la flecha de la liberación y aprendemos cómo la unción profética nos ayuda en la guerra.

> Estaba Eliseo enfermo de la enfermedad de que murió. Y descendió a él Joás rey de Israel, y llorando delante de él, dijo: ¡Padre mío, padre mío, carro de Israel y su gente de a caballo! Y le dijo Eliseo: Toma un arco y unas saetas. Tomó él entonces un arco y unas saetas. Luego dijo Eliseo al rey de Israel: Pon tu mano sobre el arco. Y puso él su mano sobre el arco. Entonces puso Eliseo sus manos sobre las manos del rey, y dijo: Abre la ventana que da al oriente. Y cuando él la abrió, dijo Eliseo: Tira. Y tirando él, dijo Eliseo: Saeta de salvación de Jehová, y saeta de salvación contra Siria; *porque herirás a los sirios en Afec hasta consumirlos.* Y le volvió a decir: Toma las saetas. Y luego que el rey de Israel las hubo tomado, le dijo: Golpea la tierra. Y él la golpeó tres veces, y se detuvo. Entonces el varón de Dios, enojado contra él, le dijo: Al dar cinco o seis golpes, hubieras derrotado a Siria hasta no quedar ninguno; pero ahora sólo tres veces derrotarás a Siria.
>
> —Énfasis añadido

Creo que podemos hacer guerra según la profecía. La palabra del Señor es lo que se necesita para ganar y obtener la victoria. Es importante estar conectados a lo profético. Las palabras nos alientan en aquello que estamos lidiando. Nos ayuda a hacer guerra contra nuestros enemigos y a vencer. Los sirios eran los principales enemigos de Israel. Eran un enemigo muy fuerte y tenaz. El rey Joás fue a donde el profeta enfermo y moribundo Eliseo y le rogó por los ejércitos de Siria. Eliseo le dijo a Joás que debía atacar a Siria una y otra vez hasta que fueran destruidos. Entonces Eliseo le dijo que tomara un arco y unas flechas y golpeara el suelo con ellas. Él no le dijo cuántas veces. Joás golpeó el suelo tres veces y se detuvo. El profeta estaba enojado, porque significaba que Joás sólo derrotaría a los sirios en tres ocasiones.

Tres veces no era suficiente como para destruir a los sirios tal como Eliseo había profetizado. Quizás Eliseo podía haberle dicho cuántas veces golpearía el suelo con las flechas. Pero a veces lo que hay en una persona sale en sus acciones. Joás no tenía suficiente odio e ira contra el enemigo para golpear el suelo más allá de la tercera vez, ¡o hasta que la flecha se rompiera!

Cuando usted está lidiando con el enemigo, tiene que darle algo más que una palmadita de cortesía. Usted necesita realmente querer ganar. Tiene que repudiar aquello con lo que usted está luchando, tanto que lo golpee hasta que las flechas se rompan. Usted tiene que odiar la lujuria, la pobreza, el miedo, el rechazo, o lo que sea, hasta destrozarlo. No se trata sólo de una, dos, tres, y luego mirar al profeta y preguntar: "¿Hice bien?". ¡No! ¡Atáquelo hasta que sea destruido!

Otro principio: A veces se toma más de una victoria antes de destruir por completo al enemigo. No fue sólo una batalla; fue más de una. En esencia, el profeta dijo: "Debería haber embestido cuatro o cinco veces hasta derrotar por completo al enemigo. Ahora sólo va a ganar tres veces". Y evidentemente tres victorias no serían suficientes para destruir por completo a los sirios. Los sirios perdieron, pero todavía estaban en condiciones de reorganizarse. Queremos destruir al enemigo para que no se pueda levantar más. Queremos quebrantar tanto sus fortalezas de manera que caigan, y no tener que preocuparnos de verlas de nuevo.

FARAONES OBSTINADOS

> Y Moisés dijo al pueblo: No temáis; estad firmes, y ved la salvación que Jehová hará hoy con vosotros; porque los egipcios que hoy habéis visto, *nunca más para siempre los veréis.*
>
> —Éxodo 14:13, énfasis añadido

Faraón tipifica al demonio. Era obstinado. Se mantuvo endureciendo su corazón. Él seguía cambiando de opinión. No importaba cuánto más juicio venía, él seguía endureciendo su corazón. Pero, finalmente, Dios tenía algo que lo quebrantaría: tomó su primogénito. Sin embargo, Faraón continuaba yendo contra ellos. Mas Dios dijo: "No se preocupen por él; yo lo voy a ahogar en el mar, ¡y no lo volverán a ver jamás!".

Ruego que cada faraón, cada faraón obstinado, se ahogue ¡y no lo vuelva a ver jamás! Puede que tenga que ayunar no una sola vez, sino que tenga que ayunar diez veces. Tuvo que venir diez plagas para romper el poder del faraón. Es hora de quebrantar esos faraones rebeldes. A veces, un faraón puede ser una persona; un diablo controlador, bruja, brujo, Jezabel, una persona que quiere controlar su vida, su iglesia.

No me gusta usar este ejemplo, pero es lo que viene a mi mente. En *El mago de Oz*, cuando la Bruja Mala del Este amenazó al otro, este último se rió y dijo: "¡Ja, ja, ja! Malo. ¡Tú no tienes poder aquí!". De la misma manera, usted necesita reírse del diablo. Cuando el diablo le amenace, sólo ríase: "¡Ja, ja, ja! Malo. ¡Tú no tienes poder aquí!". Veo esa película sólo para ver eso. Sé que es una bruja hablando con otro, pero sólo elimine la parte de la bruja, y lo captará.

¡No permita que los espíritus demoniacos le amenacen! No me importa si están volando alrededor de la habitación en una escoba con un sombrero negro puesto. Declare: "Ninguna bruja, ningún brujo, ni Jezabel, controlará mi vida. Soy un siervo de Jesucristo, y a quien el Hijo libertare es verdaderamente libre. Ningún apóstol, ningún médico apóstol, ningún obispo, ningún arzobispo, ningún arzobispo de lujo…no me importa cuál sea su título…ningún profeta, ninguna profetisa, quien sea, usted no está llamado para controlar mi vida. Usted no ha sido llamado para dominarme, ni manipularme ni intimidarme. ¡El diablo es un mentiroso!".

A veces se necesita más que un juicio, batalla o victoria para quebrantar a los enemigos obstinados. Hay algo sobre los enemigos obstinados. Usted puede golpearlos una vez, pero siguen regresando. Pareciera que no importaba lo que Dios hacía para aflojar el puño del faraón sobre los hijos de Israel, éste no dejaba ir al pueblo de Dios. Incluso los asesores de Faraón le dijeron: "Este es el dedo de Dios. No puedes luchar contra Dios" (véase Éx. 8:19). Y al final, incluso, tuvo que inclinar la rodilla ante el Rey de reyes.

Es hora de poner al diablo en su lugar. No vamos a dejarlo quieto, como cuando también clamaron: "¿Has venido para destruirnos?" (Mr. 1:23–24). Vamos a poner presión sobre ellos. Vamos a atarlos, reprenderlos, echarlos fuera, orar, ayunar, y enfrentar a los poderes del infierno. A ellos se les han dejado quietos durante mucho tiempo. Nadie ha estado orando, ayunando, tomando autoridad o predicando. Han tomado pleno dominio de las generaciones. Ellos han hecho lo que querían hacer. Pero ahora hay una nueva generación que se ha levantado. Hay apóstoles, profetas, evangelistas, pastores, maestros, y creyentes que no dejarán al enemigo quieto ¡hasta que se haya ido!

CONFESIONES PARA NUNCA MÁS

Nunca más faraón (Satanás) me controlará,
porque he sido liberado de su poder.

Nunca más volveré a permitir que el diablo haga lo que él
desea hacer en mi vida, sino que resisto al
diablo, y él huirá de mí (Stg. 4:7).

Nunca más volveré a escuchar o creer las mentiras del diablo,
porque es mentiroso y padre de mentira (Jn. 8:44).

Nunca más volveré a estar enfadado por espíritus inmundos
(Lc. 6:18).

Nunca más voy a ser acosado por el enemigo (Mt. 9:36).

Nunca más volveré a ser atado, porque Cristo me ha
hecho libre. Soy verdaderamente libre (Jn. 8:36).

Nunca más volveré a permitir que los demonios de doble
ánimo me confundan y me hagan inconstante (Stg. 1:8).

Nunca más volveré a permitir que las maldiciones
obstaculicen mi vida. Rompo toda maldición, porque
he sido redimido de la maldición (Gl. 3:13).

Nunca más volveré a abrirle la puerta a los demonios para que
entren en mi vida a través de la falta de perdón (Mt. 18:35).

Nunca más volveré a abrirle la puerta a los demonios para
que entren en mi vida a través del pecado habitual.

Nunca más volveré a abrirle la puerta a los demonios para que
entren en mi vida a través de la participación del ocultismo.

Nunca más volveré a abrirle la puerta a los demonios para
que entren a través de la rebelión y la desobediencia.

Nunca más el demonio del control mental afectará mi
pensamiento. Yo corto todos los tentáculos del control mental.

Nunca más los espíritus de serpiente y escorpión afectarán mi vida, porque yo tengo potestad de hollar serpientes y escorpiones.

Nunca más el enemigo será mi maestro; Jesús es mi Señor.

Nunca más volveré a tolerar las obras del diablo en mi vida, porque Jesús vino y destruyó las obras del diablo (1 Jn. 3:8).

Nunca más volveré a comprometer mis normas y la santidad; la Palabra de Dios es mi nivel, no las normas del mundo (2 Co. 10:2).

Nunca más permitiré que el enemigo controle mi destino, porque Dios es el revelador y consumador de mi destino.

Nunca más permitiré que el enemigo controle cualquier parte de mi vida, porque mi vida está bajo el control del Espíritu y la Palabra de Dios.

Nunca más permitiré que el enemigo aborte cualquier plan de Dios para mi vida.

Nunca más permitiré que la gente me aleje del amor de Dios, sino que me comprometo a caminar en el amor, porque Dios es amor (1 Jn. 4:7–8).

Nunca más cerraré mi corazón a la compasión (1 Jn. 3:17).

Nunca más me comportaré impropiamente, porque el amor no hace nada indebido (1 Co. 13:5).

Nunca más seré fácilmente provocado, porque el amor no se irrita (1 Co. 13:5).

Nunca más buscaré mi propio bienestar, porque el amor no busca lo suyo (1 Co. 13:5).

Nunca más pensaré mal, porque el amor no se goza de la injusticia sino de la verdad (1 Co. 13:6).

Nunca más perderé la esperanza, porque el amor espera todas las cosas (1 Co. 13:7).

Nunca más renunciaré, porque el amor todo lo soporta (1 Co. 13:7).

Nunca más permitiré que el acusador me acuse, porque soy lavado y limpiado por la sangre del Cordero (Ap. 1:5; 7:14).

Nunca más permitiré que el dolor y la tristeza controle mi alma, porque el Señor ha quitado mi tristeza y dolor (Is. 65:19).

Nunca más se cerrarán los cielos sobre mi vida, porque el Señor ha abierto las ventanas de los cielos (Mal. 3:10).

Capítulo 5

EL AYUNO QUE VENCE EL ESPÍRITU DE TEMOR

Pues Dios no nos ha dado un espíritu de temor, sino un espíritu de poder, de amor y de buen juicio.

—2 TIMOTEO 1:7, DHH

EL TEMOR O miedo es un espíritu paralizante que mantiene a las personas atadas en muchas áreas de sus vidas. Este espíritu se manifiesta de muchas maneras: miedo al rechazo (funciona con el rechazo y autorechazo), miedo al abandono, miedo al dolor, miedo a la autoridad (incluyendo pastores), miedo a la brujería, miedo a la profesión, miedo de morir, miedo al fracaso, miedo al futuro, miedo a la responsabilidad, miedo a la oscuridad, miedo a la soledad, miedo a lo que la gente piensa de ti, miedo a lo que la gente dice de ti, miedo al infierno, miedo a los demonios y la liberación, miedo a la pobreza , miedo a los gérmenes, miedo al matrimonio, miedo a los perros, miedo a los accidentes, miedo al hombre, miedo a Jezabel, miedo a la confrontación, y más.

También hay temores extremos como el pánico, ataques de pánico, terror, susto, aprensión, temor repentino, y otros más. La locuacidad, el nerviosismo, la preocupación, la ansiedad y la tensión puede también ser parte del grupo de miedo a los demonios, todos ellos relacionados con el rechazo.

Todas estas manifestaciones deben ser rotas en el nombre de Jesús.

EL AYUNO ROMPE EL PODER DEL TEMOR

No temas, tierra, sino alégrate y regocíjate, porque el SEÑOR hará grandes cosas.

—JOEL 2:21, NVI

¿Desea ver grandes cosas suceder en su vida y en la de su familia? El Señor desea hacer grandes cosas por su pueblo de pacto. El ayuno romperá el espíritu de temor en su vida y en la vida de su familia, y preparará el camino para que sucedan grandes cosas. Estas grandes cosas incluyen señales y prodigios.

ORE

En el nombre de Jesús, me despojo de todo miedo, incluyendo miedos infantiles, temores de traumas, miedos del pasado, y todos los miedos heredados. Amén.

DECLARACIONES PARA LA LIBERACIÓN DEL RECHAZO

Declaro que me tú me has santificado con tu Palabra;
tu Palabra sobre mí es verdad (Jn. 17:17).

Señor, tú eres mi luz y mi salvación. Tú eres la fortaleza
de mi vida. No temeré a nada ni a nadie (Sal. 27:1).

Creo y recibo lo que tú has dicho sobre mí.

Tu verdad me hace libre del espíritu de rechazo.

Tú has clavado mi rechazo en la cruz. Soy libre.

Tú fuiste despreciado y rechazado. Tú te identificaste con mi dolor y tristeza. Pero por tus llagas, estoy curado del rechazo (Is. 53:3–5).

El Señor está conmigo. No tendré temor.
¿Qué puede hacerme el hombre? (Sal. 118:6).

Las cuerdas me cayeron en lugares deleitosos;
sí, tengo una buena heredad (Sal. 16:6).

Soy bendecido con toda bendición espiritual en
los lugares celestiales en Cristo (Ef. 1:3).

He sido elegido por Dios desde antes de la
fundación del mundo (Ef. 1:4).

Soy santo y sin mancha (Ef. 1:4).

He sido adoptado como su hijo según el puro
afecto de su voluntad (Ef. 1:5).

Soy acepto en el Amado (Ef. 1:6).

Soy redimido por la sangre de Jesús (Ef. 1:7).

Soy un heredero (Ef. 1:11).

Estoy sentado en los lugares celestiales con Cristo Jesús (Ef. 2:6).

Soy hechura de Dios, creado en Cristo Jesús para buenas obras (Ef. 2:10).

Soy un conciudadano con los santos y miembros
de la familia de Dios (Ef. 2:19).

Se me ha dado preciosas y grandísimas promesas, para que yo pueda
ser un participante de la naturaleza divina de Cristo (2 P. 1:4).

Mi hombre interior se fortalece con poder
por el Espíritu de Dios (Ef. 3:16).

Estoy arraigado y cimentado en el amor (Ef. 3:17).

Estoy renovado en el espíritu de mi mente (Ef. 4:23).

Camino en el amor (Ef. 5:2).

Estoy lleno del Espíritu de Dios (Ef. 5:18).

Soy más que un vencedor (Ro. 8:37).

Soy un vencedor por la sangre del Cordero (Ap. 12:11).

Soy la justicia de Dios en Cristo Jesús (2 Co. 5:21).

Estoy sanado (1 P. 2:24).

El Hijo me ha hecho libre (Jn. 8:36).

He nacido de Dios; por lo tanto, soy victorioso (1 Jn. 5:4).

ORACIONES POR SEGURIDAD
Y PROTECCIÓN DIVINAS

Permite que el ángel del Señor acampe alrededor
de mí y me proteja (Sal. 34:7).

Sostenme, y seré salvo (Sal. 119:117).

El nombre de Jesús es torre fuerte. Correré
a él, y estaré seguro (Pr. 18:10).

Señor, tú me haces vivir confiado (Sal. 4:8).

Ponme a salvo de los que me oprimen (Sal. 12:5).

Permíteme habitar seguro en mi tierra (Lv. 26:5).

Guíame con seguridad, y no voy a temer. Permite
que el mar cubra a mis enemigos (Sal. 78:53).

Permíteme dormir y descansar seguro (Job 11:18; Is. 14:30).

Habitaré con seguridad; y no hay quien me espante (Ez. 34:28).

Guárdame como a la niña de tus ojos, y escóndeme
bajo la sombra de tus alas (Sal. 17:8).

Estaré seguro bajo la cubierta de tus alas (Sal. 61:4).

En la sombra de tus alas me ampararé (Sal. 57:1).

Sé mi refugio contra el turbión y el aguacero (Is. 4:6).

Sé mi escondedero contra el viento y el turbión (Is. 32:2).

Pon a cubierto mi cabeza en el día de la batalla (Sal. 140:7).

Cúbreme con la sombra de tu mano (Is. 51:16).

Cúbreme con tus plumas (Sal. 91:4).

Sé mi amparo y refugio (Sal. 59:16).

Ampárame y líbrame (Is. 31:5).

Permite que tu gloria sea mi dosel (Is. 4:5).

Defiéndeme de los que se levantan contra mí (Sal. 59:1).

Señor, tú eres mi escudo y mi escondedero (Sal. 119:114).

Señor, rodéame con tu escudo de protección (Sal. 5:12).

Abátelos, oh Señor, mi escudo (Sal. 59:11).

Permite que tu verdad sea mi escudo (Sal. 91:4).

Señor, tú eres mi sol y escudo (Sal. 84:11).

Señor, tú eres mi escudo y tu galardón será
sobremanera grande (Gn. 15:1).

No temeré de los diez mil que se han fijado en mi contra,
porque tú eres escudo alrededor de mí (Sal. 3:1–6).

Tú eres una torre fuerte delante del enemigo (Sal. 61:3).

Capítulo 6

EL AYUNO QUE VENCE LA INCREDULIDAD Y LA DUDA

Y no hizo allí muchos milagros, a causa de la incredulidad de ellos.
—MATEO 13:58

Jesús les dijo: Por vuestra poca fe; porque de cierto os digo, que si tuviereis fe como un grano de mostaza, diréis a este monte: Pásate de aquí allá, y se pasará; y nada os será imposible.
—MATEO 17:20

L A INCREDULIDAD ES un enemigo para operar en lo milagroso. Jesús no pudo operar en el poder de Dios a causa de la incredulidad de la gente. Los discípulos no pudieron echar fuera a un fuerte demonio por causa de la incredulidad. Es importante que expulse la incredulidad de su vida. Y una de las maneras en que esto se logra es a través de la oración y el ayuno. La oración y el ayuno nos ayudan a despejar los obstáculos de nuestra fe y de las acciones llenas de fe. Durante el avivamiento de sanidad que hubo del 1948 al 1957, muchos vinieron a un ministerio de sanidad de esta manera. Franklin Hall escribió un libro clave: *The Atomic Power With God With Prayer and Fasting* [La energía atómica con Dios con la oración y el ayuno]. Él llamó al ayuno "la oración sobrealimentada". Él dijo que la carne tenía tres necesidades o deseos primarios (alimento, sexo y estatus), y de éstos, la necesidad de alimento es la que domina.

Estos deseos naturales son válidos, pero fácilmente pueden llegar a ser demasiado fuertes (deseos desordenados es igual a la lujuria) y dominarnos. Por lo que el ayuno es la manera de afirmar el control de la carne en los momentos importantes. El ayuno, junto con la oración, es una de las armas más poderosas para el avance y vencer la incredulidad.

Jesús precedió su ministerio con el ayuno y volvió en el poder del Espíritu a Galilea. Jesús no luchó con la incredulidad, y operó en la fe a lo largo de su ministerio. Cuando sea desafiado con la incredulidad en cualquier situación, le animo a ayunar y orar por un avance.

ORACIONES QUE LIBERAN UNA FE ESPECIAL

Renunciaré a cualquier servidumbre que busca
esclavizarme, viendo hacia adelante por mi fe y poniendo
la mirada en Aquel que es invisible (Heb. 11:27).

Decreto y declaro que por la fe voy a caminar a través de mis
pruebas en tierra seca, y mis enemigos se ahogarán (Heb. 11:29).

Rodearé los muros inamovibles en mi vida y por
mi fe esos muros caerán (Heb. 11:30).

Por mi fe, conquistaré reinos, haré justicia, alcanzaré
promesas, y taparé bocas de leones (Heb. 11:33).

Soy confirmado y ungido por Dios (2 Co. 1:21).

Activo mi grano de mostaza de fe y le digo a este monte
de enfermedad y dolencia en mi vida: "Pásate de aquí a
otro lugar". Nada será imposible para mí (Mt. 17:20).

Declaro que tengo una gran fe, inusual, en el poder de Jesucristo,
la fe que no se puede encontrar en ningún otro lugar (Mt. 8:10).

Oro como tus discípulos ungidos oraron: "¡Aumenta mi fe!" (Lc. 17:5).

No dudaré de la promesa de Dios por causa de la incredulidad,
sino que me fortaleceré en la fe, dando gloria a Dios (Ro. 4:20).

Mi fe aumenta por el oír, y el oír por la Palabra de Dios (Ro. 10:17).

Yo camino por fe y no por vista (2 Co. 5:7).

Declaro que, por la fe, espero con certeza y tengo
convicción de las cosas que no se ven (Heb. 11:1).

Veo a través de los ojos de la fe la promesa de las cosas que los
antigüos miraron de lejos. Me convenzo de su realidad. Las abrazo,
sabiendo que soy un extranjero y peregrino en esta tierra (Heb. 11:13).

Me mantendré firme y no dudaré. Me allegaré con
valentía ante Dios, pidiendo con fe (Stg. 1:6).

No voy a sufrir naufragio en mi vida, porque tengo
fe y una buena conciencia (1 Ti. 1:19).

Declaro que mi fe trabaja en conjunto con mis obras, y mi fe se perfecciona por mis obras (Stg. 2:22).

Te mostraré mi fe por las obras que hago (Stg. 2:18).

Debido a mi fe en Jesús, tengo seguridad y acceso con confianza para acercarme a Dios (Ef. 3:12).

Soy un hijo de Abraham, porque tengo fe (Gl. 3:7).

Soy un hijo de Dios, porque tengo fe en Cristo Jesús (Gl. 3:26).

Me voy en paz, porque mi fe me ha salvado (Lc. 7:50).

Mi fe está viva (Stg. 2:17).

El Espíritu de Dios me ha dado el don de la fe (1 Co. 12:9).

Yo tengo fe en Dios (Mc. 11:22).

Hágase en mí conforme a mi fe (Mt. 9:29).

Ningún hombre se enseñorea sobre mi fe. Estoy firme por la fe (2 Co. 1:24).

Al igual que Esteban, hago grandes prodigios y señales porque estoy lleno de fe (Hch. 6:8).

Mi fe no está en la sabiduría de los hombres, sino en el poder de Dios (1 Co. 2:5).

No voy a ser perezoso. Voy a imitar a aquellos que por la fe y la paciencia heredan las promesas de Dios (Heb. 6:12).

El justo vivirá por la fe (Ro. 1:17).

La justicia de Dios se me revela a través de la fe en Jesús (Ro. 3:22).

Yo soy justificado por mi fe en Jesús (Ro. 3:26).

Tengo acceso por la fe a la gracia de Dios (Ro. 5:2).

He sido resucitado a la vida por la fe en Cristo (Col. 2:12).

Por la fe, recibo la promesa de Dios en mi vida (Gl. 3:22).

Mi fe y esperanza están puestas en Dios (1 P. 1:21).

Mi fe no fallará (Lc. 22:32).

Por la fe, la promesa de Dios es firme para mí, la simiente de Abraham (Ro. 4:16).

Oro la oración de fe y veré a los enfermos ser salvos y resucitados (Stg. 5:15).

Tomo el escudo de la fe y apago todos los dardos de fuego del maligno (Ef. 6:16).

Me coloco la coraza de la fe y el amor (1 Tes. 5:8).

Ningún hombre se enseñorea sobre mi fe. Estoy firme por la fe. Obtengo un grado honroso y mucha confianza en mi fe en Cristo Jesús (1 Ti. 3:13).

Las Sagradas Escrituras me hacen sabio para la salvación por la fe en Cristo Jesús (2 Ti. 3:15).

El hecho de compartir mi fe es eficaz, porque reconozco que todo lo bueno que hay en mí es por Jesús (Fil. 1:6).

Soy justificado por la fe en Cristo (Gl. 2:16).

Soy rico en la fe y heredero del reino (Stg. 2:5).

Contiendo ardientemente por la fe que me fue dada (Jud. 3).

La Palabra me aprovecha, porque la acompaño de fe con lo que he oído (Heb. 4:2).

Agrado a Dios, y Él me galardona porque tengo fe (Heb. 11:6).

Por la fe, habito en la tierra prometida (Heb. 11:9).

Capítulo 7

EL AYUNO QUE ROMPE EL ESPÍRITU DE POBREZA

Tocad trompeta en Sión, proclamad ayuno, convocad asamblea. . . . Y Jehová, solícito por su tierra, perdonará a su pueblo. Responderá Jehová, y dirá a su pueblo: He aquí yo os envío pan, mosto y aceite, y seréis saciados de ellos; y nunca más os pondré en oprobio entre las naciones. . . . Las eras se llenarán de trigo, y los lagares rebosarán de vino y aceite. Y os restituiré los años que comió la oruga, el saltón, el revoltón y la langosta, mi gran ejército que envié contra vosotros.
—JOEL 2:15, 18–19, 24–25

H AY CREYENTES QUE dan. Ellos creen en Dios. Se sienten bien mal, ya que pareciera que no pueden conseguir un avance financiero. Pareciera que no pueden conseguir empleo u oportunidades para su negocio. Pareciera que no pueden superarse, y se deprimen. Comienzan a sentirse como si ellos no tuvieran suficiente fe, tal vez no creen en Dios lo suficiente, o tal vez no son salvos como alguien más, tal vez ellos no están cerca de Dios, tal vez no le agradan a Dios, tal vez Dios no les favorece de la manera que favorece a los demás. Podría ser un espíritu tenaz de pobreza que ha estado en su familia por generaciones, una maldición o un espíritu generacional y eso simplemente no se va a dar por vencido. Pero yo creo que con Dios nada es imposible. Quizá sea el momento para ayunar y orar hasta que llegue el avance.

En el libro de Joel, el profeta le dio al pueblo la respuesta adecuada a la invasión de langostas que puede ayudar a los creyentes de hoy, mientras buscan la liberación en el área de sus finanzas. Las langostas representan a demonios que devoran. Las langostas representan a los espíritus de pobreza y necesidad. Las langostas habían llegado a Israel y devorado la cosecha. El profeta animó a la gente a ayunar y arrepentirse. Dios prometió escuchar sus oraciones y respondió mediante el envío de maíz, vino y aceite.

El maíz, el vino y el aceite representan la prosperidad. El ayuno rompe el espíritu de pobreza y libera el espíritu de prosperidad. He visto a un sinnúmero de creyentes luchar en el área de sus finanzas. La prosperidad es difícil de alcanzar para muchos. Esto se debe a que los demonios de pobreza no se han atado a través del ayuno y la oración.

En Deuteronomio 8:3, 7–9, 18, Dios permitió que el pueblo pasara hambre en el desierto para darles de comer sólo el maná. Ellos comieron el maná durante cuarenta años. Esto precedió a su entrada en la Tierra Prometida. El ayuno ayuda a preparar a un creyente para poseer la buena tierra. Esta es una tierra sin escasez. Esta es una tierra sin necesidad. El ayuno humilla el alma (Sal. 35:13). Dios recompensa a los que ayunan (Mt. 6:18). Las tremendas bendiciones son liberadas para aquellos que entienden el poder del ayuno y lo ejecutan.

El ayuno es una de las maneras en que podemos romper con fortalezas generacionales de pobreza. El ayuno prepara a un creyente para la prosperidad posicionándolo en un lugar de humildad. Dios ha prometido a exaltar a los humildes (1 P. 5:6). La promoción financiera es parte de esta exaltación. Dios da gracia (favor) a los humildes (Stg. 4:6). El favor es una parte de la prosperidad financiera. El ayuno libera la gracia y el favor sobre la vida de una persona. Esto romperá el ciclo de pobreza y fracaso.

ORACIONES PARA LA PROSPERIDAD Y LIBERTAD FINANCIERA

Rompo todas las asignaciones del enemigo en contra de mis finanzas en el nombre de Jesús.

Rompo todas las maldiciones de pobreza, necesidad, deuda y fracaso en el nombre de Jesús.

Busco primero el reino de Dios y su justicia, y todas las demás cosas se añaden a mí (Mt. 6:33).

Reprendo y expulso a todos los espíritus de la oruga, el saltón, el revoltón y la langosta que se comen mis bendiciones en el nombre de Jesús (Jl. 2:25).

Señor, enséñame a beneficiarme, y guíame en el camino que debo seguir (Is. 48:17).

Tú eres Jehová-Jireh, mi proveedor (Gn. 22:14).

Tú eres El Shaddai, el Dios de más que suficiente.

Bienes y riquezas hay en mi casa porque te temo y me deleito grandemente en tus mandamientos (Sal. 112:1–3).

La bendición del Señor sobre mi vida me hace rico.

Soy bendecido en mi entrada y bendecido en mi salida.

Soy siervo de Dios, y Él se complace en mi prosperidad (Sal. 35:27).

Jesús, te hiciste pobre, para que mediante tu pobreza pudiera ser rico (2 Co. 8:9).

Medito en tu Palabra día y noche, y todo lo que hago prospera (Sal. 1:3).

Que la paz esté dentro de mis muros y la prosperidad dentro de mi palacio (Sal. 122:7).

Yo soy tu siervo, Señor. Prospérame (Neh. 1:11).

El Dios de los cielos me prosperará (Neh. 2:20).

Yo vivo en la prosperidad del rey (Jer. 23:5).

A través de tu favor seré una persona próspera (Gn. 39:2).

Señor, tú me has llamado, y vas a hacer mi camino próspero (Is. 48:15).

Señor, libera la riqueza de los impíos en mis manos (Pr. 13:22).

Señor, tráeme a la abundancia (Sal. 66:12).

Yo doy, y se me dará, medida buena, apretada, remecida y rebosante (Lc. 6:38).

Abre las ventanas de los cielos sobre mi vida, y recibo más del espacio que tengo para recibir (Mal. 3:10).

Que cada agujero en mi bolsa se cierre en el nombre de Jesús (Hg. 1:6).

Reprendo al devorador por mi causa (Mal. 3:11).

Permite que tu lluvia de bendición venga sobre mi vida (Ez. 34:26).

Que se desborden mis lagares (Jl. 2:24).

Que mis graneros se llenen con abundancia y mis prensas irrumpan con vino nuevo (Pr. 3:10).

Manda tu bendición sobre mi almacén (Dt. 28:8).

Que mis graneros se llenen y se desborden. Que mis ovejas produzcan miles y diez miles. Que mi bueyes sean fuertes para el trabajo (Sal. 144:13–14).

Tráeme a una tierra buena sin escasez ni necesidad (Dt. 8:9).

Capítulo 8

EL AYUNO QUE ROMPE CICLOS DE FRACASO Y DERROTA

¿Y qué concordia Cristo con Belial?
—2 CORINTIOS 6:15

Cristo nos redimió de la maldición de la ley, hecho por nosotros maldición
(porque está escrito: Maldito todo el que es colgado en un madero) . . .
—GÁLATAS 3:13

¿**P**ARECIERA QUE EL fracaso y la frustración son su suerte en la vida? ¿Está su vida caracterizada por continuos contratiempos y desgracias? ¿Pareciera como si no importa lo que haga en la vida, no puede obtener las bendiciones del Señor?

A menudo, lo más frustrante de todo este escenario es el hecho de que usted es un creyente y ama al Señor. De acuerdo a Gálatas 3:13, somos redimidos de la maldición. En otras palabras, Jesús se convirtió en maldición en nuestro lugar. Si esto es cierto, entonces ¿cómo puede un creyente todavía estar bajo una maldición?

Por desgracia, todavía hay muchos creyentes que viven bajo maldiciones, a pesar de que han sido legalmente redimidos de las maldiciones. Del mismo modo que un creyente puede tener que librar una buena batalla de fe para la sanidad, él o ella también puede tener que librar una buena batalla de fe contra las maldiciones. Muchas de las maldiciones que pueden afectar la vida de una persona vienen como resultado de uno de los espíritus más malvados y viles en el reino de las tinieblas, el espíritu de *Belial*.

Él es un espíritu dominante de maldad. Hay una gran cantidad de demonios que operan bajo su mando, maldiciendo la vida de las personas. Cuando observo las prácticas y los pecados que están sucediendo en nuestra nación hoy, sé que el espíritu de Belial está detrás de ellos. Belial es un hombre fuerte en Estados Unidos, así como otras naciones del mundo. Belial es un gobernante del mundo de maldad. Jesús nos enseñó la necesidad de atar el hombre fuerte con el fin de saquear sus bienes (Mt. 12:29).

Las oraciones en este capítulo tienen el propósito de hacer precisamente eso; mientras ora, Belial, el gobernante del mundo de maldad, será atado, y su dominio demoníaco en usted, en su familia y la comunidad, se romperán. En primer lugar, vamos a hablar de lo que el ayuno hace cuando se acompaña con este tipo de oración.

El ayuno hace que sea más fructífero (ver Joel 2:22).

El ayuno aumenta el fruto de la vida de un creyente. Esto incluye el fruto del Espíritu. Dios desea que su pueblo sea más fructífero. El ayuno ayuda a nuestros ministerios, empresas y carreras para que sean más fructíferas.

El ayuno libera la lluvia (ver Joel 2:23).

La lluvia representa el derramamiento del Espíritu Santo. La lluvia también representa bendición y refrigerio. Israel necesitaba la primera lluvia para humedecer el suelo para la siembra. Necesitaban la lluvia tardía para llevar los cultivos a la madurez. Dios ha prometido dar la lluvia temprana y tardía en respuesta al ayuno.

El ayuno humedece el suelo (el corazón) para la siembra de la semilla (la Palabra de Dios). El ayuno provoca que la lluvia caiga en lugares secos. Si usted no ha experimentado un avivamiento en su espíritu por mucho tiempo, a través del ayuno al Señor puede hacer que la lluvia de avivamiento caiga en su vida para que pueda ser refrescado y renovado.

El ayuno rompe las limitaciones, libera el favor y trae ensanchamiento (ver Ester 4:14–16).

El ayuno fue parte de la derrota de los planes de Amán para destruir a los judíos. Toda la nación de Israel fue liberada por el ayuno. Ester necesitaba el favor del rey y lo recibió como resultado del ayuno. El ayuno libera el favor y trae gran liberación. Los judíos no sólo derrotaron a sus enemigos, sino que también se ensancharon. Mardoqueo fue ascendido, y Amán fue colgado.

La expansión viene a través del ayuno. El ayuno rompe las limitaciones y da más espacio para la expansión y el crecimiento. Dios desea ensanchar nuestros territorios (Dt. 12:20). Dios quiere que tengamos más territorio. Esto incluye los territorios en lo natural y lo espiritual. El ayuno rompe las limitaciones y causa la expansión.

El ayuno causará que tenga victoria amplia ante circunstancias adversas (ver 2 Crónicas 20:3).

Josafat se enfrentaba a los ejércitos combinados de Moab, Amón y Edom. Se enfrentaba a enormes obstáculos. El ayuno le ayudó a derrotar a estos enemigos. El ayuno nos ayuda a obtener la victoria en medio de la derrota.

Josafat hace un llamado al ayuno, porque tenía miedo. El miedo es otra fortaleza que a muchos creyentes se les dificulta superar. El ayuno rompe el poder del demonio del miedo. Espíritus de terror, pánico, miedo, temor y timidez se pueden superar a través del ayuno. Ser libre del miedo es un requisito para vivir una vida victoriosa.

ORACIONES PARA OBTENER BENDICIÓN Y FAVOR

Señor, bendíceme y guárdame. Haz que tu rostro resplandezca sobre mí, y ten de mí misericordia, alza sobre mí tu rostro y pon en mí paz (Nm. 24:2).

Hazme como a Efraín y Manasés (Gn. 48:20).

Permíteme estar satisfecho con el favor y lleno con tus bendiciones (Dt. 33:23).

Señor, ordena tu bendición sobre mi vida.

Permite que tu lluvia de bendiciones caiga sobre mi vida (Ez. 34:26).

Torna cada maldición enviada a mí, en una bendición (Neh. 13:2).

Dame revelación, y déjame ser bendecido (Mt. 16:17).

Soy la simiente de Abraham a través de Jesucristo, y recibo la bendición de Abraham. Señor, en bendición, bendíceme, y en multiplicación, multiplícame como las estrellas de los cielos y la arena de la mar.

Permite que tu bendición me haga rico (Pr. 10:22).

Permite que todas las naciones me llamen bendecido (Mal. 3:12).

Que todas las generaciones me llamen bendecido (Lc. 1:48).

Soy un hijo (una hija) de bendición (Mr. 14:61).

Vivo en un reino de bendición (Mr. 11:10).

Mis pecados son perdonados, soy bendecido (Ro. 4:7).

Señor, tú me inundas diariamente de bendiciones (Sal. 68:19).

Soy escogido de Dios, y soy bendecido (Sal. 65:4).

Mi semilla es bendecida (Sal. 37:26).

Permíteme heredar la tierra (Sal. 37:22).

Soy parte de una nación santa, soy bendecido (Sal. 33:12).

Bendice mi postrer estado, más que el primero (Job 42:12).

Señor, permite que tu presencia bendiga mi vida (2 S. 6:11).

Señor, bendíceme, y haz que tu rostro brille sobre mí, que tus caminos sean conocidos sobre la tierra, y en todas las naciones tu salvación. Permite que mi tierra aumente en rendimiento, y que los extremos de la tierra teman tu nombre (Sal. 67).

Bebo de la copa de bendición (1 Co. 10:16).

Sé que me has favorecido, porque mis enemigos no triunfan sobre mí (Sal. 41:11).

Señor, favorece mi tierra (Sal. 85:1).

Señor, concédeme vida y favor (Job 10:12).

En tu favor, Dios, haz mi montaña firme y fuerte (Sal. 30:7).

Señor, ruego por tu favor (Sal. 45:12).

Deja que tu favor me exalte con sonido de bocina (Sal. 89:17).

Señor, este es mi tiempo de favor (Sal. 102:13).

Acuérdate de mí, oh Señor, con el favor que tú trajiste a tus hijos, y visítame con tu salvación (Sal. 106:4).

Señor, ruego por tu favor con todo mi corazón (Sal. 119:58).

Permite que tu favor sea sobre mí como una nube en sus lluvias postreras (Pr. 16:15).

Permite que tu belleza sea sobre mi vida, y que
sea bien favorecido (Gn. 29:17).

Soy altamente favorecido (Lc. 1:28).

Señor, permite que reciba favor extraordinario.

ORACIONES PARA EL ENSANCHAMIENTO Y AUMENTO

Saca de mí toda limitación y restricción que haya sido
puesta por algún espíritu de maldad (1 Cr. 4:10).

Ato y echo fuera todo demonio de pitón y espíritu
constrictor en el nombre de Jesús.

Bendíceme, y ensancha mi territorio. Permite que tu
mano sea conmigo, y líbrame del mal (1 Cr. 4:10).

Echa fuera a mis enemigos y ensancha mi territorio (Dt. 12:20).

Ensancha mi corazón para que corra por los
caminos de tus mandamientos (Sal. 119:32).

Mi boca se ensancha sobre mis enemigos (1 S. 2:1).

Ensancha mis pasos para que reciba tu
riqueza y prosperidad (Is. 60:5–6).

Recibo liberación y ensanchamiento para mi vida (Est. 4:14).

El Señor me ensanchará más y más, a mí y a mis hijos (Sal. 115:14).

Permite que tu reino y tu gobierno aumente en mi vida (Is. 9:7).

Permíteme crecer en el conocimiento de Dios (Col. 2:19).

Oh Dios, bendíceme y auméntame (Is. 51:2).

Permíteme aumentar en sobreabundancia (Gn. 30:43).

Permíteme aumentar con el aumento de Dios (Col. 2:19).

Permíteme crecer y abundar en amor (1 Tes. 3:12).

Aumenta mi grandeza, y consuélame en cada área (Sal. 71:21).

Permíteme crecer en sabiduría y estatura (Lc. 2:52).

Permíteme crecer en fuerza y confundir a mis adversarios (Hch. 9:22).

Permite que tu gracia y favor aumenten en mi vida.

Permite que mis años de vida aumenten (Pr. 9:11).

Permite que la Palabra de Dios aumente en mi vida (Hch. 6:7).

Bendíceme en todos mis aumentos (Dt. 14:22).

Permite que mis ofrendas y diezmos aumenten (Dt. 14:22).

Capítulo 9

EL AYUNO QUE ROMPE LOS ESPÍRITUS DE PROCRASTINACIÓN, PASIVIDAD Y PEREZA

La pereza prevalece gradualmente entre los fieles a menos que se corrija.[1]
—JEAN CALVIN

JESÚS SUPO A una edad temprana que Él debía estar en los negocios de su Padre. Algunas personas siempre sueñan con el día de mañana sin siquiera hacer algo hoy. Lo que usted haga hoy determinará el éxito que tendrá en el futuro. El éxito viene como resultado de la acción.

Los posponedores están llenos de excusas. Debe eliminar todas las excusas que hacen que deje de hacer lo que se le ha llamado a hacer. La excusa de Moisés era su hablar. La de Jeremías era su juventud. Ninguna excusa vale la pena que detenga su mover hacia el éxito en Dios. La gracia de Dios es suficiente. Los ganadores no se permiten excusas que los detengan de ganar.

PROCRASTINACIÓN E INDECISIÓN

La indecisión resulta en procrastinación, compromiso, confusión, falta de memoria e indiferencia. La indecisión es uno de los problemas más debilitantes en la vida, porque la vida se basa en decisiones. La indiferencia es una actitud que hace que una persona evite la toma de decisiones.

La dilación o procrastinación es otra forma de evitar tomar decisiones y solo posponerlas para un tiempo futuro. También puede tener sus raíces en el miedo de tomar una decisión. Nuestras decisiones allanan el camino para el éxito o el fracaso. Una persona de doble ánimo tiene dificultad para tomar decisiones y, con frecuencia, cambia después de tomar una. Esto da lugar a las vacilaciones y cuestionar siempre una decisión. Tomar decisiones correctamente es el resultado de la sabiduría y de una personalidad estable.

PASIVIDAD Y PEREZA

Algunas personas son demasiado pasivas y perezosas para mantener una vida exitosa y victoriosa. Las personas exitosas son hacedores de la Palabra (Stg. 1:22). A menudo enseño sobre el peligro de la pasividad.

La pasividad provoca apatía y letargo, tristeza continua, llanto, derrotismo, desaliento, desesperación, abatimiento, desánimo, escapismo, fatiga, tristeza, gula, pena, culpa, angustia, congoja, desesperanza, dolor, hiperactividad, indiferencia, heridas internas, insomnio, pereza, soledad, luto, negatividad, pasividad, rechazo, autocompasión, aflicción y cansancio. Muchas veces, una persona que lucha con la pasividad se sentirá como si estuviera en un "callejón sin salida", como que no va a ninguna parte. La pasividad inmoviliza a la persona. La pasividad resulta en retirada y letargo. Quita el deseo natural de ser agresivos en la vida. Las personas pasivas no buscarán perseguir aquello que necesitan para tener éxito en la vida. Las personas pasivas dejarán que otros hagan por ellos.

La pereza es apatía, embotamiento, ociosidad, indolencia, languidez, vagancia, letargo, falta de vida, desgano, pasividad, pesadez, lentitud, cansancio. La pereza es una aversión al trabajo o esfuerzo. Una persona perezosa tiene las características de un perezoso. El perezoso es un animal de lento movimiento y estacionario.

La pereza le pondrá en esclavitud. "La mano de los diligentes señoreará; mas la negligencia será tributaria" (Pr. 12:24).

El perezoso se enreda. El camino del perezoso es doloroso. "El camino del perezoso es como seto de espinos; mas la vereda de los rectos, como una calzada" (Pr. 15:19).

La pereza abre la puerta a la pobreza. "La pereza hace caer en profundo sueño, y el alma negligente padecerá hambre" (Pr. 19:15).

La pereza puede abrir hasta la muerte. "El deseo del perezoso le mata, porque sus manos no quieren trabajar" (Pr. 21:25).

La pereza hará que su vida se desmorone. La pereza conduce a la decadencia. "Pasé junto al campo del hombre perezoso, y junto a la viña del hombre falto de entendimiento; y he aquí que por toda ella habían crecido los espinos, ortigas habían ya cubierto su faz, y su cerca de piedra estaba ya destruida" (Pr. 24:30–31). Luego Eclesiastés 10:18 nos dice: "Por la pereza se cae la techumbre, y por la flojedad de las manos se llueve la casa".

Si queremos experimentar la provisión completa del pacto que opera en nuestras vidas, entonces no podemos ser perezosos ni pasivos. Hay piezas del rompecabezas que requieren trabajo. No debemos ser tardos para actuar cuando Dios nos está diciendo que nos movamos. En Romanos 12:11 se nos ordena a no ser perezosos en lo que requiere diligencia, sino que seamos "fervientes en espíritu, sirviendo al Señor".

ORACIONES PARA OBTENER DENUEDO Y VALOR

Soy audaz como el león (Pr. 28:1).

Tengo denuedo y acceso con confianza por la fe en Cristo (Ef. 3:12).

Tengo mucho denuedo en Cristo (Fil. 1:8).

Tengo denuedo para entrar en el lugar santo
por la sangre de Jesús (Heb. 10:19).

Señor, concédeme que hable como debo hablar (Hch. 4:29).

Señor, oro con todo tipo de oración y súplicas para que abra mi boca
con denuedo para dar a conocer los misterios del evangelio (Ef. 6:19).

Permite que sea más audaz para hablar tu Palabra sin temor (Flp. 1:14).

Tengo gran audacia en la fe de Jesucristo (1 Ti. 3:13).

Vengo audazmente al trono de tu gracia, para obtener
misericordia, y hallar gracia en el tiempo oportuno (Heb. 4:1).

Con denuedo digo: "El Señor es mi ayudador, no temeré
lo que me pueda hacer el hombre" (Heb. 13:6).

Tengo audacia en el día del juicio; porque como Él
es, así soy yo en este mundo (1 Jn. 4:7).

Permite que los hombres vean mi audacia y sepan
que he estado con Jesús (Hch. 4:13).

Permíteme ser lleno con el Espíritu Santo para que pueda
hablar la Palabra de Dios con audacia (Hch. 4:31).

Esperaré en el Señor y seré valiente y Él
fortalecerá mi corazón (Sal. 27:14).

Seré fuerte y valiente; no tendré miedo, porque el Señor
está conmigo dondequiera que vaya (Jos. 1:9).

Seré valiente para guardar todo lo que el Señor me ha dicho (Jos. 23:6).

Tomo valor.

Lidiaré con valor y el Señor estará conmigo (2 Cr. 19:11).

Capítulo 10

EL AYUNO PARA SANIDAD DE LA ENFERMEDAD

Entonces nacerá tu luz como el alba, y tu salvación se dejará ver pronto;
e irá tu justicia delante de ti, y la gloria de Jehová será tu retaguardia.

—ISAÍAS 58:8

EL AYUNO ROMPE el poder de la enfermedad y la dolencia, y libera la salud en su vida (Is. 58:5–6, 8). Muchos creyentes luchan con enfermedades como el cáncer, la diabetes, la presión arterial alta, problemas de sinusitis y dolor crónico. A menudo, estos espíritus de enfermedad son generacionales. El ayuno ayuda a eliminar la enfermedad crónica y otras dolencias. Dios ha prometido que nuestra salud brotará con rapidez.

De acuerdo con Isaías 58:8, usted será curado cuando ayuna, pero mejor aún, el ayuno también puede servir como medicina preventiva. La Biblia dice: "La gloria de Jehová será tu retaguardia". En otras palabras, la enfermedad no puede sorprenderle. Dios le respalda. Mientras todo el mundo le está dando la gripe porcina, usted estará saludable. Si bien se dice que no hay cura para el resfriado común, usted atravesará la temporada de frío sin un solo síntoma, estornudo o tos.

ORACIONES POR SALUD Y SANIDAD

Soy sano por las llagas de Cristo (Is. 53:5).

Jesús cargó con mis enfermedades y dolencias (Mt. 8:17).

Echo fuera todo espíritu de enfermedad que quiera
atacar mi cuerpo en el nombre de Jesús.

Quebranto, reprendo y echo fuera todo espíritu de cáncer
que quiera intentar establecerse en mis pulmones, huesos,
senos, garganta, espalda, espina dorsal, hígado, riñones,
páncreas, piel o estómago en el nombre de Jesús.

Reprendo y echo fuera todo espíritu que causa diabetes, alta presión, baja presión, ataques al corazón, derrames, fallos renales, leucemia, enfermedades de la sangre, problemas respiratorios, artritis, lupus, Alzheimer o insomnio en el nombre de Jesús.

Hablo sanidad y fortaleza para mis huesos, músculos, coyunturas, órganos, cabeza, ojos, garganta, glándulas sangre, médula, pulmones, riñones, hígado, bazo, columna vertebral, páncreas, ojos, vejiga, oídos, nariz, senos frontales, boca, lengua y pies en el nombre de Jesús.

Me desato de todo ataque al corazón arraigado en el miedo, y ordeno a todo espíritu de miedo irse en el nombre de Jesús (Lc. 21:2).

Me desato de toda diabetes arraigada en el espíritu de rechazo, autorechazo, herencia y culpa, y ordeno a esos espíritus salir fuera en el nombre de Jesús.

Me desato de todo espíritu de cáncer arraigado en amarguras, falta de perdón, resentimiento y calumnias de mi boca, y le ordeno a estos espíritus salir fuera en el nombre de Jesús.

Me desato del lupus que está arraigado en el autorechazo, odio a mí mismo y culpa, y lo echo fuera en el nombre de Jesús.

Me desato de toda esclerosis múltiple arraigada en el odio hacia mí mismo, culpa y rechazo del padre, y echo fuera a esos espíritus en el nombre de Jesús.

Me desato de todo colesterol alto que está arraigado en la ira y la hostilidad, y le ordeno salir fuera en el nombre de Jesús.

Me desato de toda artritis reumatoide que está arraigada en el odio hacia mí mismo y en la baja estima, y le ordeno salir fuera en el nombre de Jesús.

Me desato de todo problema de adenoides arraigado en el miedo y la ansiedad, y ordeno a estos espíritus salir fuera en el nombre de Jesús.

Me desato de toda alta presión arraigada en el miedo y la ansiedad, y le ordeno a estos espíritus a salir fuera en el nombre de Jesús.

Me desato de toda asma arraigada en el miedo a las relaciones en el nombre de Jesús.

Me desato de un sistema inmunológico débil que está arraigado en el espíritu quebrantado y el corazón roto, y le ordeno a esos espíritus salir fuera en el nombre de Jesús.

Me desato de todo ataque al corazón arraigado en el autorechazo, la autoamargura y el odio propio, y le ordeno a esos espíritus salir fuera en el nombre de Jesús.

Me desato de toda enfermedad de los huesos arraigada en la envidia y el celo, y le ordeno a esos espíritus salir fuera en el nombre de Jesús (Pr. 14:30).

Perdóname, Señor, por permitir que el miedo, la culpa, el autorechazo, odio a mí mismo, falta de perdón, amarguras, pecado, orgullo o rebelión hayan abierto puertas a toda enfermedad y dolencia. Renuncio a estas cosas en el nombre de Jesús.

Echo fuera a todo espíritu de enfermedad que vino a mi vida a través del orgullo, en el nombre de Jesús.

Echo fuera todo espíritu de enfermedad que vino a mi vida a través de traumas o accidentes, en el nombre de Jesús.

Prospero y camino en salud así como prospera mi alma (3 Jn. 2).

Viviré y no moriré, y proclamaré el nombre del Señor (Sal. 118:17).

Señor, tú sanas todas mis dolencias (Sal. 103:3).

Sáname, oh Señor, y seré sano (Jer. 17:14).

Jesús, levántate sobre mi vida con sanidad en tus alas (Mal. 4:2).

Capítulo 11

EL AYUNO PARA SER LIBRE DE LA AMARGURA, IRA Y FALTA DE PERDÓN

Mirad bien, no sea que alguno deje de alcanzar la gracia de Dios; que brotando alguna raíz de amargura, os estorbe, y por ella muchos sean contaminados.
—HEBREOS 12:15

Quítense de vosotros toda amargura, enojo, ira, gritería y maledicencia, y toda malicia. Antes sed benignos unos con otros, misericordiosos, perdonándoos unos a otros, como Dios también os perdonó a vosotros en Cristo.
—EFESIOS 4:31–32

A MENUDO, LA AMARGURA es el resultado del rechazo y el dolor. La gente se vuelve iracunda y amargada cuando no pueden perdonar y liberar a las personas que les han herido y ofendido. Todo el mundo ha experimentado algún tipo de dolor en la vida, y muchos no lo han resuelto y, por lo tanto, llega a convertirse en amargura.

La raíz de amargura tiene espíritus relacionados, incluyendo la falta de perdón, furia, ira, violencia, venganza, represalia e incluso el asesinato. La palabra hebrea para "amargura", *marah*, está conectada a la amargura y rebelión. *Mara* significa (causar, hacer) amargura (o desagrado); rebelarse (o resistir, causar provocación); cambio amargo, ser desobediente, desobedecer, ser gravoso, provocación, provocar, ser rebelde (estar en contra).[1] La amargura es ira reprimida y está conectada a la terquedad (que se rehúsa a perdonar). En ocasiones, la persona rechazada tiene dificultad para perdonar. El rechazo duele y crea ofensa, por lo que requiere el perdón. La falta de perdón puede engendrar amargura. Es un círculo vicioso.

La amargura es un espíritu que se arraiga profundamente. Se profundiza en las emociones de una persona, y es difícil de desalojar debido a que la persona "siente" enojo y otras profundas emociones que son muy reales para ella. Este demonio se arraiga profundamente en la carne. Reaccionar en ira o revisitar la amargura satisface a la carne. Pero es una seudosatisfacción. Sólo causa daño a la carne permitiendo que se abran puertas a espíritus de enfermedad, como la artritis y el cáncer. Se simboliza con hiel y ajenjo. Esta es la razón por lo que es necesario romper con la raíz de amargura por medio del ayuno, lo cual deja a la carne pasar hambre. La amargura es muy común, y multitudes de personas necesitan ser liberados de la misma.

La ira es un espíritu relacionado que se deriva de la amargura. Puede ser un demonio tenaz. Algunas personas simplemente parecen que no pueden superar la ira. Ellos explotan, pero se sienten muy culpables.

La falta de perdón abre la puerta a los espíritus atormentadores (Mt. 18). La falta de perdón es el resultado de ser herido, rechazado, abandonado, decepcionado, abusado, violado, molestado, engañado; alguien tomó ventaja de la persona, alguien habló mal de ella, etc.

Todos estos espíritus vienen como resultado del rechazo, lo que puede evitar que uno dé o reciba el amor de Dios o de otras personas. También hay un espíritu llamado "el rechazo de la matriz" que entra en el útero, porque el niño fue no deseado. El autorechazo y el miedo al rechazo son otros espíritus afines. El rechazo es también un portero. Este espíritu abre la puerta para que otros espíritus puedan entrar, incluyendo el miedo, el dolor, la falta de perdón y la amargura. Se entrelaza con la rebelión, haciendo a la persona una de doble ánimo (ver mi libro *Inquebrantable* para más información sobre este tema).

Casi todo el mundo ha experimentado el rechazo en un momento u otro en la vida. Las personas pueden ser rechazadas debido a su género, color de piel, condición económica, tamaño, forma, etc. El rechazo es un bastión importante en la vida de muchos. Pero usted puede comenzar a atacar a todos los espíritus conectados con el rechazo, la ira, la amargura y la falta de perdón a través de la oración y la obediencia. Si las cosas parecen no estar sacudiéndose, añada el ayuno a su oración y vea a Dios liberarlo.

Oraciones para ser liberado de la ira

Cesaré el enojo y pondré a un lado la ira para permanecer conectado con Dios. Si espero en Él, heredaré la tierra (Sal. 37:8–9).

Todo mi cuerpo está enfermo y mi salud quebrantada por causa de mi pecado. Pero confieso mis pecados y me arrepiento profundamente por lo que he hecho. No me abandones, oh Señor. Ven pronto a ayudarme, oh Señor, mi Salvador (Sal. 38:3, 18, 22).

Hablaré palabras agradables, palabras amables y palabras
de vida para sacar la ira y el enojo fuera de mí. No
afligiré a nadie con mis palabras (Pr. 15:1).

Apaciguaré la lucha contra mi salud y mi familia
siendo lento para enojarme (Pr. 15:18).

Soy mejor que el poderoso, porque controlo mi enojo. Hay más
ganancia en gobernar mi espíritu que conquistar una ciudad (Pr. 16:32).

Uso discreción para apaciguar mi enojo; y gano
estima pasando por alto la ofensa (Pr. 19:11).

No pecaré contra mi propia alma por provocar la ira del rey (Pr. 20:2).

Silenciaré la ira con un regalo secreto (Pr. 21:14).

Declaro que la ira que reina en mi vida vendrá a su fin (Pr. 22:8).

Echo fuera la crueldad y destrucción de la ira y el enojo.
No inundarán más mis emociones (Pr. 27:4).

Seré lento para la ira y me guardaré para que sus
garras no reposen en mi seno (Ec. 7:9).

Que toda ira y enojo sea puesto fuera de mí (Ef. 4:31).

Soy una nueva criatura, he sido renovado a la imagen del que
me creó; por lo tanto, me apartaré de la ira (Col. 3:8–10).

No desanimaré a mis hijos provocándolos a ira (Col. 3:21).

ORACIONES PARA SER LIBERADO DE LA AMARGURA

Señor, te entrego a ti la amargura de mi alma. Por favor,
mira mi aflicción y acuérdate de mí. Iré en paz, porque
tú me has concedido mi petición (1 S. 1:10–11, 17).

Te hablaré abiertamente, oh Señor, y te soltaré
toda mi amargura (Job 7:11).

Te hablaré, Dios, en la amargura de mi alma. Encontraré la
raíz de por qué mi espíritu contiende contra ti (Job 10:1–2).

Declaro que no moriré en la amargura de mi
alma, y comeré con placer (Job 21:25).

Mi corazón conoce su propia amargura (Pr. 14:10); te la suelto a ti.

Levantaré niños sabios que no me causen
aflicción o amargura (Pr. 17:25).

Tengo gran amargura, pero tu amor me libra del hoyo de corrupción.
Porque tú echaste todos mis pecados tras tus espaldas (Is. 38:17).

Yo estaba en amargura y en el calor de mi espíritu, pero
la mano del Señor fue fuerte sobre mí (Ez. 3:14).

Me arrepiento de mi maldad y oro a Dios que los
pensamientos de mi corazón sean perdonados, porque estoy
ligado por la amargura y la iniquidad (Hch. 8:21–23).

Mi boca está llena de maldición y amargura, pero tú me has mostrado
un mejor camino y me has hecho justo ante tus ojos (Ro. 3:14, 21–22).

Miro diligentemente dentro de mí para no ser profanado
por ninguna raíz de amargura que brote (Heb. 12:15).

ORACIONES PARA SER LIBERADO DE LA FALTA DE PERDÓN

Iré a mi hermano y le pediré que me perdone por
mis transgresiones contra él (Gn. 50:17).

Oro para que mi hermano me perdone para que cuando yo
vaya delante de Dios, Él quite de mí esta muerte (Éx. 10:17).

Como Moisés, vengo a ti pidiendo tu perdón a favor mío y del
pueblo. Gracias, Dios, que tú perdonas a aquellos que pecan contra
ti, porque tú has borrado sus pecados de tu libro (Éx. 32:32–33).

Dios, te doy gracias que cuando escuchas nuestra
oración tú también nos perdonas (1 R. 8:30).

Tú has escuchado desde los cielos, perdonaste mi pecado, y me
has librado en la tierra que prometiste a mis padres (1 R. 8:34).

Tú has escuchado desde los cielos, perdonado mis pecados, y me has enseñado el buen camino en el que debo andar (1 R. 8:36).

Tú has escuchado desde los cielos, perdonado mis pecados, y me has dado de acuerdo a mis caminos porque tú conoces mi corazón (1 R. 8:39).

Perdona mis pecados, y ten compasión de mi (1 R. 8:50).

He sido llamado por tu nombre y me humillé delante de ti.

Oro y busco tu rostro y me vuelvo de mis malos caminos. Ahora tú escucharás desde los cielos, perdonarás mis pecados y me sanarás (2 Cr. 7:14).

Mira mi aflicción y mi dolor, y perdona todos mis pecados (Sal. 25:18).

Tú, oh Señor, eres bueno y estás listo a perdonar. Tu misericordia es plena para todos los que te invocan (Sal. 86:5).

El Señor declara que el perdonará mis iniquidades y no se acordará más de mi pecado (Jer. 31:34).

Oh Señor, escucha. Oh Señor, perdona. ¡Oh Señor, oye y haz! Porque he sido llamado por tu nombre (Dn. 9:19).

Según perdono a otros, Señor, oro para que tú me perdones (Mt. 6:12).

Perdonaré a aquellos que me han hecho daño, porque si no Dios no me perdonará (Mt. 6:14–15).

Tú me has sanado y dicho, levántate y toma tu "lecho", para que yo sepa que tienes poder para perdonar pecados en la tierra (Mt. 9:6).

Como el siervo que debía al rey diez mil talentos, yo también he sido perdonado mucho. Por lo tanto, iré y perdonaré a aquellos que han pecado contra mí para no ser atormentado (Mt. 18:23–35).

Perdonaré a cualquier persona en deuda conmigo, para que cuando ore mi Padre en el cielo me pueda perdonar también (Mr. 11:25).

Capítulo 12

EL AYUNO PARA VENCER SOBRE LA ANSIEDAD Y LA DEPRESIÓN

Y el Dios de esperanza os llene de todo gozo y paz en el creer, para que abundéis en esperanza por el poder del Espíritu Santo.
—ROMANOS 15:13

EN LA BIBLIA, la tristeza y la depresión están relacionadas con un espíritu de pesadez. Las manifestaciones de este espíritu incluyen el desánimo, la desesperación, el desaliento y la desesperanza. Hay muchas personas que sufren de ataques de depresión. Muchas de ellas están siendo medicadas. Entrar y salir de la depresión es un signo de doble ánimo. Esto también incluye la retirada y el aislamiento. La depresión se encuentra en un máximo histórico. Hay muchas personas que están siendo tratadas por depresión maníaca (bipolaridad). Esto puede, incluso, conducir a las personas a la desesperación y el suicidio. La depresión puede hacer que una persona desee escapar, lo que puede llevarla a la somnolencia y al abuso del alcohol y de las drogas.

El ayuno hará que la alegría y la presencia del Señor regresen a su vida (Mr. 2:20). La presencia del esposo causa alegría. Las bodas están llenas de alegría y celebración. Cuando un creyente pierde la alegría y la presencia del Señor, tiene que ayunar. El ayuno provoca que la alegría y la presencia del Señor vuelvan. Ningún creyente puede vivir una vida victoriosa sin la presencia del esposo. El gozo del Señor es nuestra fuerza (Neh. 8:10).

EL VIENTRE Y LA DEPRESIÓN

He estudiado el tema del ayuno, y he estudiado también el vientre (entrañas). Debido a que el ayuno está conectado con el vientre, el intestino y el estómago, debe haber algo sobre el ayuno que afecta nuestro intestino de una manera positiva.

En la Escritura, el vientre puede ser consumido por el dolor, y puede ser un símbolo de derrota y vergüenza. Sabemos que el vientre puede ser afectado por el estrés, la ansiedad y la preocupación. También he aprendido que muchas veces ponemos las manos en el estómago de una persona cuando hacemos liberación. Los espíritus de miedo y lujuria, a menudo, residen en esta zona también.

Ten piedad de mí, oh Señor, porque estoy en angustia; se consumen de sufrir mis ojos, mi alma y mis *entrañas*.

—Salmo 31:9, lbla, énfasis añadido

Porque nuestra alma está agobiada hasta el polvo: Nuestro *vientre* está pegado con la tierra.

—Salmo 44:25, rva, énfasis añadido

La conexión entre el sistema digestivo y el sistema nervioso central, el cual consiste en el cerebro y la médula espinal, es bien conocido. Esto es lo que determinó la Escuela de Medicina de Harvard sobre la conexión entre el intestino y el cerebro:

> ¿Alguna vez ha tenido una experiencia "devastadora"? ¿Le han hecho sentir "nauseas" ciertas situaciones? ¿Ha sentido "mariposas" en el estómago? Utilizamos estas expresiones por una razón. El tracto gastrointestinal es sensible a la emoción. La ira, la ansiedad, la tristeza, la alegría; todos estos sentimientos (y otros) pueden desencadenar síntomas en el vientre.
>
> El cerebro tiene un efecto directo sobre el estómago. Por ejemplo, la sola idea de comer puede liberar los jugos del estómago antes de que el alimento llegue ahí. Esta conexión va en ambos sentidos. Un problema del intestino puede enviarle señales al cerebro, al igual que un problema del cerebro puede enviarle señales al intestino. Por lo tanto, el malestar intestinal o del estómago de una persona puede ser la causa o el producto de la ansiedad, el estrés o la depresión. Eso es porque el sistema gastrointestinal (GI) del cerebro están conectados íntimamente, tan íntimamente que deben ser vistos como un solo sistema.[1]

"¿Alguna vez ha tenido esa sensación familiar de tener 'mariposas' en el estómago?", pregunta la revista *Scientific American*. "Detrás de esta sensación existe una red de neuronas, a menudo pasadas por alto, que alinean nuestras entrañas, y es tan extensa que algunos científicos la han apodado nuestro 'segundo cerebro'".

Una comprensión más profunda de esta masa de tejido nervioso, llena de importantes neurotransmisores, nos revela que ella hace mucho más que simplemente manejar la digestión o infligir la punzada nerviosa ocasional. El pequeño cerebro en nuestras entrañas, en conexión con el mayor en nuestros cráneos, determina en parte nuestro estado mental y juega un papel clave en determinadas enfermedades en todo el cuerpo.[2]

Creo que el ayuno ayuda a nuestro vientre, y a su vez ayuda a nuestras emociones y nuestro cerebro. El ayuno le ayudará a pensar más claramente y a superar la depresión, la tristeza, el dolor, la confusión, el estrés, la preocupación y la ansiedad.

LIBERE SUS EMOCIONES

¿Es libre en sus emociones? Las emociones son una parte del alma junto con la voluntad y la mente. Hay muchas personas atadas y bloqueadas en sus emociones. Espíritus de dolor, rechazo, ira, corazón roto, pena, tristeza, odio, amargura e ira pueden ocupar las emociones, causando dolor emocional.

Sus emociones fueron creadas por Dios para expresar alegría y tristeza. Ambas deben ser respuestas naturales a diferentes situaciones. Sin embargo, el enemigo viene a causar extremismos en el reino emocional e incluso causar bloqueos mediante los cuales una persona es incapaz de expresar las emociones apropiadas. El dolor emocional y la esclavitud pueden venir como resultado de experiencias traumáticas del pasado, como la violación, el incesto, el abuso, la muerte de un ser querido, la guerra, las tragedias, el rechazo, el abandono, los accidentes, etc.

Usted puede ser libre de emociones incontroladas, impredecibles y fluctuantes. Pídale al Señor que le traiga el equilibrio y el autocontrol en esta área. Oremos.

En el nombre del Señor Jesucristo, por la autoridad que me ha dado para atar y desatar, libero mis emociones de todo espíritu maligno que haya venido como resultado de las experiencias del pasado. *Me libero a mí mismo de todo daño, herida profunda, dolor, tristeza, pena, ira, odio, enojo, amargura, miedo y emociones atadas y bloqueadas. Yo ordeno a estos espíritus que salgan, y decreto libertad a mis emociones en el nombre del Señor Jesucristo. Amén.*

ORACIONES QUE DESTRUYEN LA OPRESIÓN

Reprendo y echo fuera todo espíritu que quiera
intentar oprimirme en el nombre de Jesús.

Jesús, tú fuiste e hiciste bien y sanaste a todos
los oprimidos por el diablo (Hch. 10:38).

Derribo todo poder de los espíritus que quieren oprimirme (Ec. 4:1).

Reprendo y echo fuera todo espíritu de pobreza
que me quiera oprimir (Ec. 5:8).

Reprendo todo espíritu de locura y confusión que intenta
oprimir mi mente en el nombre de Jesús (Ec. 7:7).

Oh Señor, se confabulan contra mí todos mis opresores (Is. 38:14).

Señor tu eres mi refugio del opresor (Sal. 9:9).

Líbrame de la maldad que pueda oprimirme y de los
enemigos de muerte que me rodean (Sal. 17:9).

Líbrame de los opresores que persiguen mi alma (Sal. 54:3).

Rompe en pedazos al opresor (Sal. 72:4).

Reprendo y echo fuera todo espíritu de aflicción, tristeza, y cualquier
cosa que intente deprimirme en el nombre de Jesús (Sal. 107:39).

No me dejes en manos de mis opresores (Sal. 119:121).

No dejes que el orgullo me oprima (Sal. 119:122).

Libérame de la opresión de los hombres (Sal. 119:134).

Yo gobierno sobre mis opresores (Sal. 14:2).

Permite que los opresores sean consumidos fuera de la tierra (Is. 16:4).

Reprendo la voz del opresor en el nombre de Jesús (Sal. 55:3).

Soy establecido en justicia y lejos de la opresión (Is. 54:14).

Castiga a aquellos que intentan oprimirme (Jer. 30:20).

El enemigo no tomará mi herencia a través de la opresión (Ez. 46:18).

Ejecuta juicio contra mis opresores (Sal. 146:7).

CONFESIONES DE PAZ

Mi vida es buena y mis días son buenos
porque guardo mi lengua del mal.

Odio el mal, hago el bien y busco la paz.

Comprometo mi vida a la paz y a la prosperidad.

Viviré en paz, y caminaré en paz, y buscaré la paz.

Jesús es mi paz.

Jesús es mi Jehová Shalom, mi prosperidad y mi paz.

Caminaré en paz todos los días de mi vida.

Veré el bien, amaré la vida, y tendré muchos días buenos.

Soy bendecido y próspero, porque soy una persona pacífica.

Capítulo 13

EL AYUNO PARA SER LIBRE DE LA CULPA

¿Tienes tú fe? Tenla para contigo delante de Dios. Bienaventurado
el que no se condena a sí mismo con lo que aprueba.
—ROMANOS 14:22

LA CULPA ES una de las peores cosas que puede permitir que controle su vida. La culpa proviene de la condenación, vergüenza, indignidad, vergüenza, baja autoestima y de los sentimientos de inferioridad (clase baja, fondo del barril, siempre el último lugar, inseguro, nunca bastante bueno). La culpa es la raíz de un sinnúmero de enfermedades y de infelicidad. Hay personas que viven sus vidas sintiéndose culpable por cosas que hicieron hace años. Ellos nunca se han perdonado a sí mismos por algo que hicieron o dejaron de hacer. Literalmente, se castigan a sí mismos. Se sienten indignos, avergonzados y apenados, que a menudo se convierte en autorechazo.

La culpa es un demonio terrible, y usted tiene que ser liberado de ella. Usted puede pedirle a Dios que le perdone, y puede pedirle a la gente que pudo causarle daño que le perdone, pero lo más importante que hay que hacer es perdonarse a sí mismo. Esta es la parte más difícil para muchas personas. Ellos creen que Dios les perdona y otras personas les perdonan, pero no pueden perdonarse a sí mismos.

Todos hemos hecho cosas de las que no estamos orgullosos, pero hay que recordar que cuando hemos hecho todo lo que podemos hacer para hacer las cosas bien, Jesús es nuestra justicia. Él nos cubre. Si no conseguimos esto en nuestros espíritus, entonces estamos abiertos a ser afectados por muchas enfermedades y dolencias, porque hay una conexión entre el espíritu, el alma y el cuerpo. La Biblia dice: "Amado, yo deseo que tú seas prosperado en todas las cosas, y que tengas salud, así como prospera tu alma" (3 Jn 1:2). Su alma es su mente, voluntad y emociones. Si su alma no es saludable y el dolor, la vergüenza, la culpa, el miedo y el rechazo lo superan, su cuerpo finalmente se verá afectado. No siempre sucede de la noche a la mañana.

Cuanto más tiempo cargue estas cosas, más daño hacen.

LIBERE SU CONCIENCIA

Ser *liberado* significa ser perdonado y absuelto. Usted ha sido perdonado por el Padre a través de la sangre de Jesús. Usted es libre de culpa, vergüenza y condenación. También debe ser libre de la ley (el legalismo). La ley conlleva condenación y juicio, pero Jesús brinda perdón y reconciliación. Liberamos nuestra conciencia mediante la aplicación de la sangre de Jesucristo, por la fe. Satanás usa la culpabilidad y la condenación para derribar a los creyentes. Los creyentes que no entienden la gracia tienen sus luchas en sus vidas cristianas, nunca alcanzan las normas religiosas que se les imponen a través del legalismo. Ser libre en su conciencia es tener paz en su mente. La paz de Dios gobierna en su corazón.

En el nombre de Jesús, me libero a mí mismo de toda culpa, vergüenza, condenación, autocondenación y legalismo. Amén.

ORACIONES CONTRA LA CULPA Y CONDENACIÓN

Reprendo y echo fuera todo espíritu de culpa, vergüenza, y condenación a través de la sangre de Jesús.

Ato y echo fuera todo espíritu de indignidad en el nombre de Jesús.

Me desato de toda diabetes arraigada en el rechazo, odio a mí mismo, herencia, y culpa, y ordeno a esos espíritus salir fuera en el nombre de Jesús.

Me libero del lupus arraigado en el autorechazo, odio a mí mismo, culpa, y echo fuera esos espíritus en el nombre de Jesús.

Me libero de toda esclerosis múltiple arraigada en el odio a mí mismo, culpa y rechazo paternal, y echo fuera esos espíritus en el nombre de Jesús.

Perdóname, Señor, por permitir que cualquier miedo, culpa, autorechazo, odio a mí mismo, falta de perdón, amargura, pecado, orgullo o rebelión hayan abierto puertas a cualquier enfermedad o dolencia. Renuncio a estas cosas en el nombre de Jesús.

DESTRUCCIÓN DE YUGOS Y REMOCIÓN DE CARGAS

Remuevo toda falsa carga puesta en mí por personas,
líderes o iglesias en el nombre de Jesús (1 Tes. 2:6).

Remuevo toda carga pesada puesta en mi vida
por el enemigo en el nombre de Jesús.

Permite que tu unción rompa la carga del enemigo de
mi cuello y que todo yugo sea destruido (Is. 10:27).

Remueve de mi hombro toda carga (Sal. 81:6).

Echo toda mi preocupación sobre el Señor (1 P. 5:7).

Echo mis cargas sobre el Señor, quien me sostiene (Sal. 55:22).

Señor, rompe el pesado yugo del enemigo, y rompe el cetro y
la vara del opresor como en los días de Madián (Is. 9:4).

Deja que el yugo de la pobreza sea destruido en el nombre de Jesús.

Deja que el yugo de la enfermedad sea destruido
en el nombre de Jesús (Gl. 5:1).

Deja que el yugo desigual sea roto en el nombre de Jesús (2 Co. 6:14).

Destruyo todo yugo y carga de religión y legalismo en mi vida
por líderes religiosos en el nombre de Jesús (Mt. 23:4).

Que cada piedra pesada sea quitada de mi vida
en el nombre de Jesús (Zac. 12:3).

Tomo sobre mi vida el yugo y la carga de Jesús (Mt. 11:30).

Capítulo 14

EL AYUNO QUE LIBERA DE UN PASADO DOLOROSO

... pero una cosa hago: olvidando ciertamente lo que queda atrás, y extendiéndome a lo que está delante, prosigo a la meta, al premio del supremo llamamiento de Dios en Cristo Jesús.

—FILIPENSES 3:13–14

H E MINISTRADO A muchos creyentes que todavía están atados y ligados a su pasado. El pasado puede ser una cadena que impide disfrutar el presente y tener éxito en el futuro. Mientras le ministraba liberación a un joven, me encontré con un espíritu fuerte morando en él que se jactaba de que no iba a salir. Mandé al espíritu a identificarse, y me contestó que su nombre era Pasado. El espíritu procedió a explicar que su trabajo era mantener al joven atado a su pasado para que él no pudiera tener éxito en su vida cristiana. El joven había atravesado un divorcio, y su pasado continuaba atormentándolo. Este encuentro me reveló el hecho de que hay numerosos espíritus asignados a las personas para mantenerlos atados al pasado, que les ha dejado cicatrices y heridas que no han cicatrizado completamente. Muchas de estas heridas se han infectado y se han convertido en moradas de los espíritus inmundos.

La gente necesita ser liberada no sólo de los demonios, sino también de otras personas. Las ataduras del alma impía son vías a través de las cuales estos espíritus usan el control y la manipulación para trabajar sobre estas víctimas incautas.

Veamos algunas de las cosas que pueden causar que estos espíritus se amarren ellos mismos a la gente que ha tenido experiencias traumáticas en su pasado. Para ser claro, hemos encontrado que el diccionario Webster define la palabra *trauma* como "un desorden síquico o estado de la conducta que resulta del estrés mental o emocional severo o herida física".[1]

Las experiencias traumáticas pueden abrirle la puerta a los demonios. Estas pueden ser, y a menudo son, debido a accidentes. Las mencionadas abajo son dos de estas experiencias traumáticas que afectan grandemente las vidas de los individuos.

1. Violación

Violaron a las mujeres en Sion, a las vírgenes en las ciudades de Judá.

—Lamentaciones 5:11

La violación es una de las experiencias más traumáticas que una persona puede tener. Una violación deja miedos profundos en la psiquis de la persona que es víctima de este acto impuro. La puerta se abre a una serie de malos espíritus que entran y operan durante toda la vida de la víctima. Los espíritus de dolor, desconfianza, lujuria, perversión, ira, odio, furia, amargura, vergüenza, culpa y miedo pueden entrar y atormentar a la persona por el resto de su vida, si no los discierne y los echa fuera. La violación también puede ser una maldición, y hay a menudo una historia de este pecado en la línea de sangre.

La violación ha sucedido siempre en la historia de los pueblos oprimidos. Era (y es) común para los vencedores el violar a las mujeres de los vencidos. Es uno de los actos más vergonzosos y humillantes que puede ser perpetrado sobre un pueblo oprimido.

A menudo, las víctimas de violación llevan ciertos bloqueos sexuales al matrimonio, incluyendo espíritus de frigidez, emociones reprimidas, odio a los hombres, y miedo a las relaciones sexuales. Las personas pueden crecer con profundas raíces de amargura que envenenan el sistema, abriéndoles la puerta a los espíritus de enfermedad y dolencia, incluyendo el cáncer.

Padre, en el nombre de Jesús, me libero de este demonio merodeador que pretende robarme, matarme y destruir mi cuerpo, mi sexualidad y mi valor. Me libero de cualquier odio, amargura y falta de perdón. Me libero de culparme por esta violación. Me libero de cualquier atadura del alma, espíritu de enfermedad u otros espíritus malignos que buscan aferrarse a mi vida a causa de este trauma. Me libero de cualquier atadura que me impide experimentar la intimidad conyugal sana y libremente. Amén.

2. Incesto

Otra violación sexual común es el pecado de incesto. El incesto también puede ser el resultado de una maldición, y puede haber alguna historia de este pecado en la línea de sangre. Es un acto que causa mucha vergüenza y culpa. Se abre la puerta a todo tipo de maldición, incluyendo la locura, muerte, destrucción, confusión, perversión y enfermedad. A menudo, la víctima se culpa por este acto a pesar de que puede haber sido el resultado de un espíritu seductor.

Padre, en el nombre de Jesús, me libero de la vergüenza, la culpa, los lazos del alma, y cualquier otro espíritu que trata de entorpecerme para que no viva una vida completa y saludable. Me libero de los recuerdos dolorosos de este abuso y declaro que estoy limpio, por dentro y por fuera. Me libero de todo espíritu demoníaco que podría tratar de entrar por esta puerta abierta, por lo que cierro la puerta de mi pasado y oro para que un cerco de protección rodee mi futuro. Amén.

Libere su memoria

…olvidando ciertamente lo que queda atrás…

—Filipenses 3:13

Hay un espíritu malvado llamado recuperación de la memoria que puede causar que una persona tenga recuerdos recurrentes de experiencias pasadas. Esto mantiene a la persona esclava de las experiencias traumáticas del pasado. Este espíritu hace que una persona recuerde experiencias de dolor y rechazo. Aunque pueden haber experiencias en su vida que nunca olvidará por completo, no debe ser esclavo del pasado a través de su memoria.

El enemigo no debe ser capaz de desencadenar las cosas en su memoria que dificulten su vida presente o futura. Es por esto que la memoria tiene que ser liberada de las malas experiencias traumáticas y de dolor.

Padre, en el nombre de Jesús, me libero de los efectos de todos los malos recuerdos, memorias dolorosas y del pasado que me pueden estorbar en el presente o futuro. Amén.

DECLARACIONES QUE DESTRUYEN EL CONTROL DE UN PASADO DOLOROSO

Los días de mi luto han pasado. He encontrado
favor en los ojos del Rey (Gn. 50:4).

Mi invierno ha pasado. La lluvia ha pasado, todo
se ha ido. Las flores han aparecido en la tierra y el
tiempo de la canción ha llegado (Cant. 2:11–12).

El misterio de mis sufrimientos pasados me ha
sido revelado. Ahora me puedo regocijar.

Gloria para siempre a Jesucristo, quien me ha establecido de
acuerdo al evangelio y a la predicación de Cristo. Mi pasado
no es más un secreto. El propósito ha sido revelado a través
de las escrituras proféticas que yo debo creer y obedecer.

En mi pasado, yo no era del pueblo de Dios, pero ahora lo soy.
No recibí su misericordia, pero ahora la tengo (1 P. 2:10).

Hay esperanza para mi futuro.

El Señor tiene planes para darme paz y un
futuro de esperanza (Jer. 29:11).

La señal del pacto de Dios es conmigo y todas mis futuras generaciones.

Sólo una cosa haré: olvidaré mi pasado e iré tras las cosas que
tengo por delante. Iré hacia la meta del premio del supremo
llamamiento de Dios en Cristo Jesús (Flp. 3:13–14).

Capítulo 15

EL AYUNO QUE LIBERA DE LA ADICCIÓN A LAS DROGAS Y EL ALCOHOL

No os embriaguéis con vino, en lo cual hay disolución;
antes bien sed llenos del Espíritu.
—EFESIOS 5:18

EL ESPÍRITU DE adicción está profundamente arraigado en la carne. He tratado con personas que simplemente no pueden dejar de fumar. Es difícil para ellos conseguir ser libres del solo hábito de fumar. Ellos hacen todo lo posible para romperlo. Oran. Vienen buscando liberación. Simplemente no pueden romperlo. Es un espíritu tenaz. A veces se sienten frustrados, y el enemigo los condena y les dice: "Tú no eres fuerte". Pero a veces hay que ayunar cuando usted está tratando de liberarse de un espíritu de adicción, ya que está bien arraigado en la carne.

Todas las adicciones operan de maneras similares: las drogas, el alcohol, la gula, los trastornos alimentarios, adicción a la comida. Ellos deben ser rotos a través del ayuno y la oración.

LA ADICCIÓN ESTÁ CONECTADA AL ESPÍRITU DE BELIAL

Pero Ana hablaba en su corazón, y solamente se movían sus labios, y su voz no se oía; y Elí la tuvo por ebria. Entonces le dijo Elí: ¿Hasta cuándo estarás ebria? Digiere tu vino. Y Ana le respondió diciendo: No, señor mío; yo soy una mujer atribulada de espíritu; no he bebido vino ni sidra, sino que he derramado mi alma delante de Jehová. No tengas a tu sierva por una mujer impía; porque por la magnitud de mis congojas y de mi aflicción he hablado hasta ahora.

—I SAMUEL 1:13–16

En la versión King James en inglés, el versículo 16 dice y se traduce: "No tengas a tu sierva por una hija de Belial". Elí había pensado que Ana estaba borracha. El espíritu de Belial opera a través del alcohol y la embriaguez. La embriaguez es una manera de destruir la moral y da paso a la lujuria y perversión en la gente. Yo creo que los espíritus de alcohol y embriaguez operan bajo el hombre fuerte de Belial. Se sabe que muchos hijos de padres alcohólicos son, a menudo, víctimas de abusos sexuales, incluyendo el incesto. El alcohol también puede abrirle la puerta a los espíritus de violación, entre ellos, la "violación por citas" (que es tan frecuente en muchos campus universitarios).

Estas son algunas de las oraciones que usted puede orar durante el ayuno para romper el control y echar fuera a estos espíritus de su vida.

ORACIONES CONTRA LA EMBRIAGUEZ

Padre, ayúdame a escuchar la advertencia en tu Palabra que miremos "también por vosotros mismos, que vuestros corazones no se carguen de glotonería y embriaguez y de los afanes de esta vida, y venga de repente sobre vosotros aquel día" (Lc. 21:34).

Padre, ayúdame a vivir y a conducirme honorablemente, que "andemos como de día, honestamente; no en glotonerías y borracheras, no en lujurias y lascivias, no en contiendas y envidia" (Ro. 13:13).

Señor, quiero hacer sólo aquello que tú quieres que yo haga, porque seguir mis propios deseos me conducirá por el mal camino. "Y manifiestas son las obras de la carne, que son: adulterio, fornicación, inmundicia, lascivia, idolatría, hechicerías, enemistades, pleitos, celos, iras, contiendas, disensiones, herejías, envidias, homicidios, borracheras, orgías y cosas semejantes a estas; acerca de las cuales os amonesto, como ya os lo he dicho antes, que los que practican tales cosas no heredarán el reino de Dios" (Gl. 5:19–21). Yo no quiero vivir así Señor, yo quiero honrarte y servirte a ti en todo lo que hago.

Padre, tú das buen consejo en tu Palabra, consejo que quiero seguir: "Oye, hijo mío, y sé sabio, y endereza tu corazón al camino. No estés con los bebedores de vino, ni con los comedores de carne; porque el bebedor y el comilón empobrecerán, y el sueño hará vestir vestidos rotos" (Pr. 23:19–21).

Padre, tu Palabra advierte que sea cuidadoso con el tipo de personas con las que ando. Ayúdame a prestar atención a tu consejo de "no asociarme con ninguno que, llamándose hermano, sea sexual, inmoral o avaro, idólatra, o maldiciente, borracho o ladrón" (1 Co. 5:11). Ayúdame a escoger sabiamente a mis amistades.

Padre, yo no quiero "embriagarme con vino, en lo cual hay disolución." Quiero ser "lleno del Espíritu" (Ef. 5:18). Lléname con tu Espíritu, Señor.

Dios, desde el tiempo de Aarón, tú has instruido a tus líderes cristianos y ministros que "no beberéis vino ni sidra cuando entréis en el tabernáculo de reunión, para que no muráis; estatuto perpetuo será para vuestras generaciones, para poder discernir entre lo santo y lo profano, y entre lo inmundo y lo limpio" (Lv. 10:8–10). Que nunca te falle haciendo común a lo santo por mi pecado y embriaguez.

Padre, tú enseñaste que cualquier persona que "se apartare haciendo voto de nazareo, para dedicarse a Jehová, se abstendrá de vino y de sidra; no beberá vinagre de vino, ni vinagre de sidra, ni beberá ningún licor de uvas..." (Nm. 6:2–3). Ayúdame a entender que la embriaguez destruye mi habilidad de consagrarme a ti, y ayúdame a alejarme de aquello que tiene el poder de alejarme de ti.

Señor, ayúdame a seguir el consejo sencillo de tu Palabra, que dice que "el vino es escarnecedor, la sidra alborotadora, y cualquiera que por ellos yerra no es sabio" (Pr. 20:1).

Padre, tú tienes fuertes consejos acerca de los peligros de la embriaguez para aquellos que son llamados líderes, porque en tu Palabra dices que "no es de los reyes beber vino, ni de los príncipes la sidra" (Pr. 31:4). Ayúdame a honrar tu Palabra en este asunto.

ORACIONES CONTRA LA ADICCIÓN A LAS DROGAS Y EL ALCOHOL

Ordeno a todos los espíritus de adicción a salir de mi apetito en el nombre de Jesús.

Renuncio a toda adicción a las drogas, alcohol o cualquier sustancia legal o ilegal que me ha atado en el nombre de Jesús.

Rompo todas las maldiciones generacionales de orgullo, lujuria, perversión, rebelión, hechicería, idolatría, pobreza, rechazo, miedo, confusión, adicción, muerte y destrucción en el nombre de Jesús.

Capítulo 16

EL AYUNO PARA OBTENER LA VICTORIA SOBRE LA GULA E INDULGENCIA EXCESIVA

El fin de los cuales será perdición, cuyo dios es el vientre, y cuya gloria es su vergüenza; que sólo piensan en lo terrenal.

—FILIPENSES 3:19

USTED NO QUISIERA que su vientre sea su Dios. El vientre es el centro de su apetito. No se puede permitir que su apetito controle su vida. En Filipenses 3, Pablo escribió de aquellos cuyo Dios era su vientre. Tenían una mente terrenal. Ellos eran carnales. En otras palabras, eran glotones rebeldes.

La carnalidad obstaculizará su caminar con Dios. El ayuno ayuda a vencer la carnalidad. El ayuno le ayuda a caminar en lo espiritual. El ayuno es espiritual. El ayuno es lo contrario a ser terrenal y carnal (ser controlado por su apetito).

Romanos 16:18 dice: "Porque tales personas no sirven a nuestro Señor Jesucristo, sino a sus propios vientres, y con suaves palabras y lisonjas engañan los corazones de los ingenuos".

Uno de los beneficios del ayuno es que nos enseña la moderación. *Moderación* significa estar dentro de los límites razonables; no ser excesivo o ir al extremo. El exceso es perjudicial. La comida es estimulante. Nuestros cerebros se acostumbran rápidamente a los estímulos, y el resultado es una falta de verdadera satisfacción. Negarse a sí mismo la comida es negarse una de las cosas que nos estimulan más en la vida.

Si bien en un principio nuestros sentidos están agudamente en sintonía con el insumo que están recibiendo, estos se aclimatan rápidamente a los estímulos. Los estímulos pierden la capacidad de sorprendernos y darnos placer. Nos volvemos insensibles a ello. En este punto, la mayoría de las personas buscan algo nuevo que les ayude a experimentar esas sensaciones una vez más.

Esta es, sin duda, la respuesta que la sociedad nos da para nuestra inquietud, nuestro aburrimiento, nuestra ansiedad y la infelicidad. La respuesta es siempre MÁS. Más estimulación. Más sexo, más películas, más música, más bebida, más dinero, más libertad, más comida. Más de todo se vende como la cura para todo. Sin embargo, paradójicamente, mientras mayor estimulación recibimos, menos gozo y disfrute obtenemos de ella. La clave para experimentar una mayor satisfacción y placer es, de hecho, la moderación.[1]

La moderación es importante para la satisfacción en la vida. Hemos perdido la importancia de la moderación. Nuestra sociedad está llena de excesos. El ayuno es abnegación; conlleva sacrificio. El ayuno es un arma poderosa contra el exceso. El ayuno nos ayuda a ser templados. La templanza es moderación y autocontrol, ya sea en el comportamiento o la expresión. El exceso es lujuria y autoindulgencia.

Baste ya el tiempo pasado para haber hecho lo que agrada a los gentiles, andando en lascivias, concupiscencias, embriagueces, orgías, disipación y abominables idolatrías.

—1 Pedro 4:3

El exceso es lo opuesto a una vida llena del Espíritu.

No os embriaguéis con vino, en lo cual hay disolución; antes bien sed llenos del Espíritu.

—Efesios 5:18

La glotonería y la embriaguez son manifestaciones de exceso y están conectadas a la rebelión y terquedad. Deuteronomio 21:20 dice: "…y dirán a los ancianos de la ciudad: Este nuestro hijo es contumaz y rebelde, no obedece a nuestra voz; es glotón y borracho".

A éstos les parece cosa extraña que vosotros no corráis con ellos en el mismo desenfreno de disolución, y os ultrajan.

—1 Pedro 4:4

DECLARACIONES PARA EL AUTOCONTROL Y LA SATISFACCIÓN EN LO QUE DIOS PROVEE

Soy un amante de lo bueno. Me controlo a mí mismo. Soy justo. Soy santo. Soy templado (Tit. 1:8).

Soy sobrio, serio, templado, sano en la fe, sano en amor, en paciencia (Tit. 2:2).

Habito en el fruto del Espíritu, que es amor, gozo, paz, paciencia, amabilidad, benignidad, fe, mansedumbre y templanza; contra tales cosas no hay ley (Gl. 5:22–23).

Me esfuerzo para el premio, por tanto, ejercito el dominio propio en todas las cosas (1 Co. 9:25).

Dios no me ha dado espíritu de temor, sino de amor, poder y dominio propio (2 Ti. 1:7).

Seré sobrio en todas las cosas (2 Ti. 4:5).

Celebraré en el tiempo apropiado con sobriedad y no con embriaguez (Ec. 10:17).

Estaré satisfecho con el abundante pan del cielo (Sal. 105:40).

El Señor satisface los anhelos de mi alma y me llena de bien (Sal. 107:9).

El Señor abre sus manos y me satisface (Sal. 145:16).

El Señor bendecirá abundantemente mi provisión y me satisface con pan (Sal. 132:15).

Veré el rostro de Dios en justicia, seré satisfecho cuando despierte a su imagen (Sal. 17:15).

Me humillaré para poder comer y estaré satisfecho (Sal. 22:26).

Mi alma será satisfecha como de meollo y de grosura, y mi boca alabará al Señor con labios jubilosos (Sal. 63:5).

El Señor me satisfará temprano en la mañana con su misericordia, para que yo me regocije y esté contento todos los días (Sal. 90:14).

El Señor satisface mi boca con cosas buenas, para
que me rejuvenezca como el águila (Sal. 103:5)

Soy justo. Yo como para satisfacer mi alma (Pr. 13:25).

Soy como el buen hombre. Quedaré satisfecho
con mis caminos (Pr. 14:14).

El Señor me alimentará con lo más fino de su trigo, y con
miel, la que sale de la roca me satisfará (Sal. 81:16)

El temor del Señor es para vida. Porque temo al Señor, viviré
lleno de reposo, y no seré visitado por el mal (Pr. 19:23).

Encontraré satisfacción. Seré capaz de decir: "Es suficiente" (Pr. 30:15).

El que ama el dinero no se saciará con dinero; y el que ama el
mucho tener, no sacará fruto. También esto es vanidad (Ec. 5:10).

Encontraré mi sustancia sólo en Dios.

El Señor saciará mi alma con abundancia y
me saciará con su bien (Jer. 31:14).

Capítulo 17

EL AYUNO PARA OÍR Y RECIBIR UNA PALABRA DEL SEÑOR

Y te acordarás de todo el camino por donde te ha traído Jehová tu Dios estos cuarenta años en el desierto, para afligirte, para probarte, para saber lo que había en tu corazón, si habías de guardar o no sus mandamientos. Y te afligió, y te hizo tener hambre, y te sustentó con maná, comida que no conocías tú, ni tus padres la habían conocido, para hacerte saber que no sólo de pan vivirá el hombre, más de todo lo que sale de la boca de Jehová vivirá el hombre. Tu vestido nunca se envejeció sobre ti, ni el pie se te ha hinchado en estos cuarenta años.
—Deuteronomio 8:2–4

JESÚS AYUNÓ CUARENTA días en el desierto. Israel estuvo en el desierto por cuarenta años. Jesús es el verdadero Israel de Dios. A Israel se le permitió tener hambre por cuarenta años. Dios los alimentó con maná y los hizo sufrir de hambre, para humillarlos y enseñarles que no sólo de pan vivirá el hombre, sino de cada palabra que procede de la boca del Señor.

El ayuno traerá gran humildad a su vida, y ayunar le ayudará a entender que no sólo de pan usted vive, sino de toda palabra que procede de la boca de Dios. Cuando usted ayuna está diciendo: "Yo vivo por la palabra de Dios. La palabra de Dios es mi fortaleza. El Señor es la fortaleza de mi vida".

La palabra profética es una palabra de procedimiento. Ayunar nos pone en una posición para recibir esa palabra de procedimiento y vivir por ella. Ayunar le ayudará a liberar la palabra de procedimiento. Dios puede poner sus palabras en su boca para que usted las hable y las libere.

En el verso arriba mencionado leemos que sus vestidos nunca envejecieron. El ayuno nos ayuda a mantener nuestros vestidos frescos y nuevos. El vestido es una prenda de vestir. Las prendas de vestir se pueden envejecer con la religión y la tradición. Podemos también ver en este pasaje que sus pies no se hincharon. Los "pies" representan su caminar con el Señor, su crecimiento espiritual y su jornada hacia la madurez con Él, y su habilidad para oír su dirección para su vida y seguirle. El ayuno le ayudará a mantener su caminar para no ser obstaculizado.

EL AYUNO RESULTARÁ EN LA ORACIÓN CONTESTADA

Entonces invocarás, y te oirá Jehová; clamarás, y dirá él: Heme aquí.

—Isaías 58:9

La interferencia demoniaca causa que muchas oraciones sean obstaculizadas. Daniel ayunó veintiún días para abrirse paso a través de la resistencia demoniaca y recibir respuesta a sus oraciones. (Vea Daniel 10.) El príncipe de Persia retuvo la respuesta por veintiún días. El ayuno de Daniel ayudó a que el ángel se abriera paso y llegara con la respuesta.

El ayuno causará que la contestación a muchas oraciones sea acelerada. Eso incluye oraciones para salvación y liberación por los seres amados. El ayuno ayuda a romper la frustración de una oración no contestada.

EL AYUNO LIBERA LA GUÍA DIVINA

Jehová te pastoreará siempre, y en las sequías saciará tu alma, y dará vigor a tus huesos; y serás como huerto de riego, y como manantial de aguas, cuyas aguas nunca faltan.

—Isaías 58:11

Muchos creyentes tienen dificultad en tomar decisiones correctas concernientes a relaciones, finanzas y ministerio. Esto causa retrocesos y pérdida de tiempo por necias decisiones. El ayuno ayudará a los creyentes a tomar decisiones correctas al liberar la guía divina. El ayuno elimina la confusión. El ayuno produce claridad y libera el entendimiento y la sabiduría para tomar decisiones correctas. El ayuno es recomendable para aquellos que están tomando decisiones importantes tales como el matrimonio y opciones ministeriales.

ORACIONES PARA OBTENER REVELACIÓN

Tú eres el Dios que revelas los secretos. Señor,
revélame tus secretos (Dn. 2:28).

Revélame el secreto y las cosas profundas (Dn. 2:22).

Permíteme entender las cosas y los secretos guardados
desde la fundación del mundo (Mt. 13:35).

Permite que los sellos de tu Palabra se rompan (Dn. 12:9).

Permíteme entender y tener revelación de tu
voluntad y propósito para mi vida.

Dame espíritu de sabiduría y revelación, y permite que los
ojos de mi entendimiento sean iluminados (Ef. 1:17).

Permíteme entender las cosas celestiales (Jn. 3:12).

Abre mis ojos y miraré las maravillas de tu Palabra (Sal. 119:18).

Dame a conocer y entender los misterios del reino (Mr. 4:11).

Permíteme hablarle a otros por revelación (1 Co. 14:6).

Revela tus secretos a tus siervos los profetas (Am. 3:7).

Permite que las cosas escondidas sean manifiestas (Mr. 4:22).

Esconde tus verdades de los sabios y entendidos, y
revélalas a los niños (Mt. 11:25).

Permite que tu brazo se revele en mi vida (Jn. 12:38).

Revélame las cosas que me pertenecen (Dt. 29:29).

Permite que tu Palabra se revele en mí (1 S. 3:7).

Permite que tu gloria se revele en mi vida (Is. 40:5).

Permite que tu justicia se revele en mi vida (Is. 56:1).

Permíteme recibir la visión y revelación del Señor (2 Co. 12:1).

Permíteme recibir abundancia de revelación (2 Co. 12:7).

Permíteme ser un buen administrador de tu revelación (1 Co. 4:1).

Permíteme hablar los misterios de Cristo (Col. 4:3).

Permíteme recibir entendimiento de tu sabiduría oculta (1 Co. 2:7).

No encubras de mí tus mandamientos (Sal. 119:19).

Permíteme hablar sabiduría de Dios en misterios (1 Co. 2:7).

Permíteme conocer los misterios del evangelio (Ef. 6:19).

Hazme conocer el misterio de tu voluntad dentro de mí (Ef. 1:9).

Declara tu enigma con el arpa (Sal. 49:4).

Permíteme entender tus proverbios; las palabras de
los sabios y sus dichos profundos (Pr. 1:6).

Señor, enciende mi lámpara y alumbra mis tinieblas (Sal. 18:28).

Cambia las tinieblas en luz delante de mí (Is. 42:16).

Dame los tesoros escondidos, y los secretos muy guardados (Is. 45:3).

Permite que tu lámpara alumbre sobre mi cabeza (Job 29:3).

Mi espíritu es la lámpara del Señor, que escudriña las
partes más profundas de mi ser interior (Pr. 20:27).

Permíteme entender las cosas profundas de Dios (1 Co. 2:10).

Permíteme entender los pensamientos profundos de Dios (Sal. 92:5).

Permite que mis ojos sean alumbrados con tu Palabra (Sal. 19:8).

Mis ojos son bendecidos para ver (Lc. 10:23).

Permite que toda catarata y escama sean
removidas de mis ojos (Hch. 9:18).

Permíteme comprender con todos los santos cuál es la anchura,
la longitud, la profundidad y la altura de tu amor (Ef. 3:18).

Permite que mi conciencia me enseñe en las noches, y
me despierte con revelación (Sal. 16:7).

Capítulo 18

EL AYUNO PARA SER LIBRE DE LA IMPUREZA SEXUAL

*Entonces subieron todos los hijos de Israel, y todo el pueblo,
y vinieron a la casa de Dios; y lloraron, y se sentaron allí en presencia
de Jehová, y ayunaron aquel día hasta la noche; y ofrecieron holocaustos
y ofrendas de paz delante de Jehová...
Y derrotó Jehová a Benjamín delante de Israel...*
—JUECES 20:26, 35

E L PECADO SEXUAL es uno de los más difíciles de romper. Muchos creyentes luchan con lujurias generacionales que han pasado a través de la línea familiar. Los espíritus lujuriosos causan mucha vergüenza, culpa y condenación. Esto le roba al creyente la confianza y la audacia que debería tener como creyente. Muchos creyentes luchan con la masturbación, pornografía, perversión y fornicación. El ayuno expulsará a estos espíritus generacionales de su vida.

En Jueces 19:22 leemos acerca de unos hombres en la ciudad que querían tener relaciones sexuales con un invitado de un anciano en esa ciudad:

> Pero cuando estaban gozosos, he aquí que los hombres de aquella ciudad, hombres perversos rodearon la casa golpeando a la puerta; y hablaron al anciano, dueño de la casa, diciendo: Saca al hombre que ha entrado en tu casa, para que lo conozcamos.

Ellos eran homosexuales que se habían identificado como los hijos de Belial. El hombre de la casa trató de desalentarlos y les ofreció a su hija y a la concubina de su invitado en su lugar. Los hombres tomaron a la concubina del invitado y abusaron de ella toda la noche. El abuso fue tan severo que ella murió. (Ver Jueces 19:25–30.) El invitado entonces tomó un cuchillo y cortó a la concubina en doce pedazos y los envió a cada tribu en Israel. Su concubina había sido violada hasta morir.

Los hombres que violaron a la concubina eran de la tribu de Benjamín. Los hombres de Israel se reunieron en contra de la ciudad y requirieron que les entregaran a los culpables. Los hijos de Benjamín no escucharon y en su lugar se reunieron para hacer guerra. Los hijos de Benjamín destruyeron a veintidós mil hombres de Israel en el primer día (Jue. 20:21), y destruyeron a dieciocho mil en el segundo día (v. 25).

En Jueces 20:26–35 vemos que Israel no pudo vencer a Benjamín hasta que ayunaron. La resistencia de Benjamín implica que había algo demoniaco detrás de ellos. Once tribus no pudieron vencer una tribu por esta resistencia demoniaca. Esta resistencia fue rota después de ayunar. Esta fue la única forma en que la perversión fue desarraigada de la tribu de Benjamín. El ayuno le ayuda a romper y ser libre de las cadenas de la perversión sexual y la lujuria.

Lujuria

La lujuria es un sustituto demoniaco para el verdadero amor. La gente rechazada buscará relaciones y frecuentemente se envolverá en inmoralidad sexual a temprana edad. El espíritu de prostitución puede manifestarse a una temprana edad y puede ser visto en mujeres jóvenes que visten provocativamente.

La impureza sexual se ha vuelto rampante en nuestra sociedad. Los espíritus sexuales de lujuria incluyen el adulterio, la fornicación, la prostitución, la seducción, la impureza sexual, la perversión, la homosexualidad, el lesbianismo, la masturbación, la pornografía, el incesto, la fantasía lujuriosa, la sodomía y la inmundicia.

La lujuria no es solamente sexual, pero también puede ser manifestada en el materialismo, el abuso, las adicciones a la comida (gula, bulimia, anorexia y dietas extremas), las adicciones a la droga y al alcohol, la ropa y demás.

Perversión

Los demonios de perversión pueden llevar a alguien a la homosexualidad, al lesbianismo, fetichismo, a la vejación, y otras actividades de desvío sexual. La perversión puede ser una manifestación del autorechazo cuando la gente rechaza su propia identidad sexual. Estos son simplemente intentos para vencer el rechazo.

LIBERE SU PERSONALIDAD SEXUAL

Huya de la fornicación.

—1 CORINTIOS 6:18

El deseo sexual es uno de los apetitos más fuertes en el cuerpo humano. Satanás desea controlarlo y pervertirlo fuera de la relación marital en donde es bendecido. Muchos creyentes luchan en esta área con la compañía de espíritus de culpa y condenación. Los espíritus de lujuria y perversión pueden operar en cualquier parte del cuerpo físico, incluyendo los genitales, las manos, los ojos, la boca, el estómago y otros. Cualquier parte del cuerpo dado al pecado sexual será invadido y controlado por espíritus de lujuria. (Un ejemplo puede ser los ojos cuando ven pornografía, las manos en actos de masturbación, o la lengua en conversaciones indecentes.)

La impureza sexual es un espíritu fuertemente arraigado, porque está arraigado en la carne. Mientras más una persona ha estado en un estilo de vida de homosexualidad, adulterio o masturbación, más difícil es. Eso se aferrará tenazmente en su carne. Algunas veces, el ayuno es la manera para debilitar el sistema de la raíz, porque cuando usted ayuna está tratando con su carne. Usted está sometiendo su carne. Esa es la razón por la que los demonios odian el ayuno. Ellos no quieren que usted ayune. Pero si usted verdaderamente quiere ser libre, yo le recomiendo ayunar.

Comience su ayuno para ser libre de la impureza sexual con esta oración:

> *En el nombre de Jesús yo libero todos los miembros de mi cuerpo, incluyendo mi mente, mi memoria, mis ojos, mis oídos, mi lengua, mis manos, mis pies, y toda mi personalidad sexual, de toda lujuria, perversión, impureza sexual, inmundicia, lascivia, promiscuidad, pornografía, fornicación, homosexualidad, fantasía, suciedad, pasiones ardientes y deseos sexuales incontrolables. Amén.*

LIBERACIÓN Y RENUNCIA DEL PECADO SEXUAL

Presento mi cuerpo al Señor en sacrificio vivo (Ro. 12:1).

Renuncio a todo pecado sexual en el cual haya estado envuelto en el pasado, incluyendo fornicación, masturbación, pornografía, perversión, fantasía y adulterio en el nombre de Jesús.

Quebranto toda maldición de adulterio, perversión, fornicación, lujuria, incesto, violación, vejación, ilegitimidad, prostitución y poligamia en el nombre de Jesús.

Presento mi cuerpo al Señor en sacrificio vivo (Ro. 12:1).

Ordeno a todos los espíritus de lujuria y perversión a salir de mi estómago, mis genitales, mis ojos, mi mente, mi boca, mis manos y mi sangre en el nombre de Jesús.

Mis miembros son miembros de Cristo. No los haré miembros de una prostituta (1 Co. 6:15).

Desato el fuego de Dios para quemar toda lujuria de mi vida en el nombre de Jesús.

Quebranto todo lazo impío del alma con antiguos amantes y parejas sexuales en el nombre de Jesús.

Echo fuera todo espíritu de soledad que me lleva al deseo impío de relaciones sexuales en el nombre de Jesús.

Ordeno a todos los espíritus de lujuria heredados de mis ancestros a salir de mí en el nombre de Jesús.

Ordeno a todos los espíritus de hechicería que trabajan con la lujuria a dejarme en el nombre de Jesús.

Tomo autoridad sobre mis pensamientos y ato todo espíritu de fantasía y pensamientos indecentes en el nombre de Jesús.

Echo fuera todo espíritu de ruptura matrimonial lujuriosa que quiera romper el pacto en el nombre de Jesús.

Echo fuera y me libero de todo espíritu conyugal de *incubus* y *sucubus* en el nombre de Jesús.

Echo fuera todo espíritu de perversión, incluyendo los espíritus de lujuria moabita y amonita en el nombre de Jesús.

Recibo el espíritu de santidad en mi vida para caminar en pureza sexual en el nombre de Jesús (Ro. 1:4).

Me libero de todo espíritu del mundo, los deseos de la carne, los deseos de los ojos y la vanagloria de la vida. Venzo el mundo a través del poder del Espíritu Santo (1 Jn. 2:16).

Estoy crucificado con Cristo. Crucifico mis miembros. No le permito al pecado reinar en mi cuerpo, y no voy a obedecer su concupiscencia (Ro. 6:6–12).

Capítulo 19

EL AYUNO QUE ROMPE MALDICIONES GENERACIONES

*Y los tuyos edificarán las ruinas antiguas; los cimientos de
generación y generación levantarás, y serás llamado reparador
de portillos, restaurador de calzadas para habitar.*
—ISAÍAS 58:12

MUCHOS DE LOS obstáculos que los creyentes enfrentan son generacionales. Las maldiciones generacionales son el resultado de la iniquidad de los padres. Los pecados generacionales tales como el orgullo, la rebelión, la idolatría, la hechicería, el ocultismo, la masonería y la lujuria abren la puerta a espíritus de maldad para operar en familias a través de generaciones. Los demonios de destrucción, fracaso, pobreza, enfermedad, lujuria y adicción son las fortalezas mayores en las vidas de millones de personas.

LIBÉRESE USTED MISMO DE LA HERENCIA MALIGNA

Las debilidades y tendencias pueden ser heredadas de los pecados de los padres. Por ejemplo, una persona nacida de padres alcohólicos puede tener un alto riesgo de convertirse en alcohólico. Las enfermedades pueden correr en la línea sanguínea, es por eso que los doctores frecuentemente ven si hay algún historial de ciertas enfermedades en la familia. Algunas de estas herencias malignas incluyen la lujuria, la perversión, la hechicería, el orgullo, la rebelión, el divorcio, el alcohol, el odio, la amargura, la idolatría, la pobreza, la ignorancia y las enfermedades (incluyendo enfermedades del corazón, cáncer, diabetes y presión arterial alta).

Los espíritus familiares son demonios familiares en una persona y su familia, donde a menudo han estado en la familia por generaciones. A veces, estos espíritus son difíciles de romper debido a que están profundamente arraigados en la línea familiar.

Pero esos tipos pueden echarse fuera a través de la oración combinada con el ayuno. El ayuno ayuda a desatar las ligaduras de impiedad. El ayuno deja libre al oprimido. El ayuno nos ayuda a reconstruir las ruinas antiguas. El ayuno revierte la desolación que resulta del pecado y la rebelión. Comience con esta oración:

> *En el nombre de Jesús me libero de toda herencia maligna, incluyendo debilidades heredadas, actitudes, patrones de pensamiento, enfermedad, brujería, lujuria, rebelión, pobreza, estilos de vida impíos y conflictos. Amén.*

ORACIONES PARA ECHAR FUERA ESPÍRITUS GENERACIONALES

Soy redimido de la maldición de la ley (Gl. 3:13).

Rompo todas las maldiciones generacionales de orgullo, lujuria, perversión, rebelión, brujería, idolatría, pobreza, rechazo, miedo, confusión, adicción, muerte y destrucción en el nombre de Jesús.

Ordeno a todos los espíritus generacionales que entraron en mi vida durante la concepción, en el vientre, en el canal de parto y por el cordón umbilical a salir en el nombre de Jesús.

Rompo todas las maldiciones habladas y palabras negativas que he hablado sobre mi vida en el nombre de Jesús.

Rompo todas las maldiciones habladas y palabras negativas pronunciadas sobre mi vida por los demás, incluyendo a los que tienen autoridad, en el nombre de Jesús.

Ordeno a todos los espíritus ancestrales de masonería, idolatría, brujería, falsa religión, poligamia, lujuria y perversión a salir de mi vida en el nombre de Jesús.

Ordeno a todos los espíritus hereditarios de lujuria, rechazo, miedo, enfermedad, ira, odio, confusión, fracaso y pobreza a salir de mi vida en el nombre de Jesús.

Rompo todos los derechos legales de todos los espíritus generacionales que operan detrás de una maldición en el nombre de Jesús. Ustedes no tienen derecho legal para operar en mi vida.

Ato y reprendo a todos los espíritus familiares y guías espirituales que tratan de operar en mi vida de mis antepasados en el nombre de Jesús.

Renuncio a todas las falsas creencias y filosofías heredadas
por mis antepasados en el nombre de Jesús.

Quebranto todas las maldiciones sobre mis finanzas de
cualquiera de mis antepasados que haya engañado y
hecho mal uso del dinero en el nombre de Jesús.

Rompo todas las maldiciones de enfermedad y le
ordeno a todas las enfermedades hereditarias que se
vayan de mi cuerpo en el nombre de Jesús.

A través de Jesús, mi familia es bendecida (Gn. 12:3).

Renuncio a todo orgullo heredado de mis
antepasados en el nombre de Jesús.

Rompo todos los juramentos, votos y pactos hechos con
el diablo por mis antepasados en el nombre de Jesús.

Rompo todas las maldiciones por agentes de Satanás que han
hablado contra mi vida en secreto en el nombre de Jesús (Sal. 10:7).

Rompo todas las maldiciones escritas que pueden afectar
mi vida en el nombre de Jesús (2 Cr. 34:24).

Rompo toda maldición de tiempo liberada para activarse en
mi vida a medida que envejezco en el nombre de Jesús.

Rompo toda maldición que Balaam contrató en contra
de mi vida en el nombre de Jesús (Neh. 13:2).

Capítulo 20

EL AYUNO QUE ROMPE EL PODER DE LA HECHICERÍA, EL CONTROL MENTAL Y LAZOS IMPÍOS DEL ALMA

No os volváis a los encantadores ni a los adivinos; no los consultéis, contaminándoos con ellos. Yo Jehová vuestro Dios.
—LEVÍTICO 19:31

L A HECHICERÍA SE manifiesta de diferentes maneras, incluyendo hechicería, adivinación, intimidación, control y manipulación. Saúl y Jezabel son ejemplos bíblicos de quienes usan la hechicería para obtener lo que ellos desean.

El demonio de hechicería también puede trabajar en muchos otros tipos de relaciones. Un pastor puede tratar de controlar a los miembros de su equipo o toda su congregación. Un ejecutivo de negocios puede intimidar a sus subordinados. Las personas que habitualmente utilizan la manipulación o la intimidación para controlar a los demás se abren a la esclavitud y la influencia de un demonio de hechicería. Si esto sucede, no podrán relacionarse con nadie, aparte de estas tácticas. Ya no será solo la carne haciendo su trabajo, sino un poder sobrenatural que puede traer a quien ellos controlan a una condición de esclavitud espiritual.[1]

Todo el reino de lo oculto cae bajo el paraguas de la hechicería. Esto incluye las religiones falsas, la adivinación, la Nueva Era, la percepción extrasensorial, la astrología, la hipnosis, las religiones orientales, la masonería, la telepatía, la quiromancia, etc. Todas estas son manifestaciones del lado rebelde de una personalidad de doble ánimo. Hablo de doble ánimo en mi libro *Inquebrantable*.

LA MALDICIÓN DE LA IMPIEDAD Y LOS LAZOS IMPÍOS DEL ALMA

No os unáis en yugo desigual con los incrédulos; porque ¿qué compañerismo tiene la justicia con la injusticia? ¿Y qué comunión la luz con las tinieblas? ¿Y qué concordia Cristo con Belial? ¿O qué parte el creyente con el incrédulo?

—2 Corintios 6:14–15

Cuando hay un yugo desigual entre creyentes e incrédulos, llamamos a esto un lazo del alma impío. Romper los lazos impíos del alma es clave para la liberación. Una asociación con un incrédulo provoca que se transfieran los malos espíritus de éste. Si Belial no puede controlarlo directamente, él va a influirlo a través de una asociación impía. (Lea más sobre el espíritu de Belial en mi libro *Oraciones que rompen maldiciones*.)

La asociación con gente equivocada puede provocar que usted reciba una transferencia de los espíritus del mal. Una de las claves para ser liberados del control de Belial es romper todo lazo del alma impío y obedecer la Palabra de Dios, que dice: "No os unáis en yugo desigual con los incrédulos" (2 Co. 6:14). La versión *Amplified Bible* dice en su traducción: "No estés en yugo desigual con los incrédulos [no hagas alianzas en yugo desigual con ellos o estés bajo un yugo diferente con ellos, incompatibles con la fe]".

Esta es la única vez que el nombre de Belial se menciona en el Nuevo Testamento. Creo que el Espíritu de Dios escogió esta palabra para traer revelación de un espíritu con el cual la iglesia no debe tener, de ninguna manera, alguna relación. El versículo 15 relaciona a Belial con la injusticia, oscuridad, infidelidad e idolatría. La primera referencia de Belial en la Palabra de Dios lo relaciona a la idolatría. Los corintios se habían salvado de un estilo de vida de idolatría.

Creo que Belial es un espíritu del tiempo del fin que será un enemigo de la iglesia. Debemos separarnos de toda inmundicia e indecencia que se asocia con este espíritu gobernante.

La iglesia de Corinto también tenía un problema con la carnalidad. Hubo luchas, envidia, contención, impureza sexual, y hasta la embriaguez tuvo lugar dentro de la iglesia. El apóstol Pablo escribió la carta a los corintios para corregir estos problemas y poner las cosas en orden.

LIBÉRESE DE LOS LAZOS IMPÍOS DEL ALMA

Maldito su furor, que fue fiero; y su ira, que fue dura. Yo los apartaré en Jacob, y los esparciré en Israel.

—GÉNESIS 49:7

El Señor separó a Simeón y a Leví porque ejercían una mala influencia el uno sobre el otro. Un lazo del alma es una unión entre dos personas; las almas (mentes, emociones, voluntades) de los individuos se entretejen o se unen. Los lazos impíos del alma se pueden formar a través de la fornicación (Gn. 34:2–3) y la hechicería (Gl. 3:1; 4:17).

Como se mencionó anteriormente, las personas tienen que ser desatadas no sólo de los demonios, sino también de otras personas. Los lazos impíos del alma son las vías a través de las cuales operan los espíritus de control, dominación, hechicería y manipulación. Si usted está vinculado con la gente equivocada, usted estará en esclavitud, a menudo, sin saberlo.

Nunca ha sido la voluntad de Dios que un individuo controle a otro. La verdadera libertad consiste en ser libre de cualquier poder de control que impida el cumplimiento de la voluntad de Dios. A menudo, los que están bajo el control no son conscientes de que están siendo controlados. Por eso, muchas veces el control es tan difícil de romper.

Un lazo impío del alma resultará en la presencia de una mala influencia en su vida. Los buenos lazos del alma le ayudan en su caminar con Dios, mientras que los lazos impíos del alma le estorban en su caminar con el Señor. Los lazos impíos en la Biblia incluyen: 1) Acab y Jezabel (1 R. 18); 2) Salomón y sus esposas, quienes tornaron su corazón lejos del Señor (1 R. 11:1–4); y 3) Leví y Simeón (Gn. 49:5–7).

Ore:

> *Dios Padre, en el nombre de Jesús, me libero de todas las relaciones que no estén ordenadas por ti; me libero de todas las relaciones que no son del Espíritu, sino de la carne; de toda relación basada en el control, la dominación o la manipulación; y de todas las relaciones basadas en la lujuria y el engaño. Amén.*

LIBÉRESE DE LAS ATADURAS OCULTAS

La palabra *oculto* significa escondido. La participación en el ocultismo abre la puerta a muchos demonios, incluyendo espíritus de depresión, suicidio, muerte, destrucción, enfermedad, enfermedad mental, adicción, lujuria, y más. Las prácticas ocultas incluyen:

+ Tabla de ouija
+ Horóscopos
+ Lectura de la palma
+ Psíquicos
+ Lectores y asesores

+ Drogas (de la palabra griega *pharmakeia* o brujería)
+ Lectura de hojas de té
+ Magia negra
+ Magia blanca
+ Percepción extrasensorial

Ore:

> *Padre, en el nombre de Jesús, me libero de toda participación en lo oculto, la hechicería, adivinación, brujería, herencia psíquica, rebelión, toda confusión, enfermedad, muerte y destrucción, como resultado de la participación en el ocultismo. Amén.*

LIBERE SU MENTE

Como piensa en su corazón, así es él.

—PROVERBIOS 23:7

Usted es de la forma en que piensa. La mente ha sido siempre el blanco favorito del enemigo. Si el diablo puede controlar su mente, él puede controlar su vida. De los espíritus que atacan la mente están: el de control mental, confusión, depresión mental, atadura mental, locura, manía, fantasía, pensamientos de maldad, migrañas, dolor mental y pensamientos negativos. Todos ellos son lo que yo llamo "pensamientos hediondos".

La buena noticia es que usted puede liberarse (incluyendo su mente) de toda influencia maligna que opera a través de su mente. El control mental es un espíritu común que ha sido identificado por el nombre de Octopus. Los espíritus de control mental pueden parecerse a los de un pulpo o calamar con tentáculos que se adhieren y controlan la mente. La liberación del control mental libera a la persona de presión mental, dolor mental, confusión y tormento mental. Los espíritus de control mental pueden entrar a través de escuchar música impía, leer libros de ocultismo, la pornografía, la falsa enseñanza, la falsa religión, las drogas y la pasividad.

Ore:

En el nombre de Jesús, yo libero mi mente de todos los espíritus de control, confusión, ataduras mentales, locura, manía, fantasía, pasividad, intelectualismo, bloqueo de conocimiento, ignorancia, estrechez mental, lujuria y pensamiento malvado. Amén.

ORACIONES CONTRA JEZABEL

Libero los perros del cielo contra Jezabel (1 R. 21:23).

Reprendo y ato los espíritus de hechicería, lujuria, seducción intimidación, idolatría y prostitución conectada a Jezabel.

Suelto el espíritu de Jehú contra Jezabel y su séquito (2 R. 9:30–33).

Le ordeno a Jezabel ser echada abajo y ser comida por los perros del cielo.

Reprendo todos los espíritus de falsa enseñanza, falsa profecía, idolatría y perversión, conectados a Jezabel (Ap. 2:22).

Corto con la asignación de Jezabel contra los ministros de Dios (1 R. 12:2).

Corto y rompo los poderes de cada palabra soltada por Jezabel en contra de mi vida.

Corto con la mesa de Jezabel y rechazo toda comida servida en ella (1 R. 18:19).

Corto y me libero de todas las maldiciones de Jezabel y sus espíritus que estén operando en mi línea familiar.

Corto la asignación de Jezabel y sus hijas para corromper mi iglesia.

Reprendo y corto el espíritu de Atalía que atenta destruir la semilla real (2 R. 11:1).

Vengo en contra del espíritu de Herodías y corto la asignación de matar a los profetas (Mr. 6:22–24).

Reprendo y corto a Jezabel y su hechicería en el nombre de Jesús (2 R. 9:22).

Reprendo y corto todo espíritu de prostitución (Os. 4:12).

Reprendo y corto a Jezabel y su hechicería
en el nombre de Jesús (2 R. 9:22).

Reprendo y corto la ramera y señora de la hechicería, y rompo
su poder sobre mi vida y sobre mi familia (Nah. 3:4).

Destruyo la hechicería de mis manos (Mi. 5:12)

Venzo a Jezabel y recibo poder sobre las naciones (Ap. 2:26).

ORACIONES PARA ANULAR LOS PACTOS IMPÍOS

Rompo y anulo todo pacto impío, juramentos, promesas
que hice con mis labios en el nombre de Jesús.

Renuncio y rompo toda promesa impía hecha por
mis ancestros a ídolos, demonios, falsas religiones u
organizaciones impías en el nombre de Jesús (Mt. 5:33).

Rompo y anulo todo pacto con la muerte y el infierno
hecho por mis ancestros en el nombre de Jesús.

Rompo y anulo todo pacto impío hecho con ídolos o demonios
por mis ancestros en el nombre de Jesús (Éx. 23:32).

Rompo y anulo todo pacto de sangre hecho a través de
sacrificio que pueda afectar mi vida en el nombre de Jesús.

Ordeno a todos los demonios que reclaman cualquier derecho legal
en mi vida a través de pactos a salir fuera en el nombre de Jesús.

Rompo y anulo todo pacto hecho con falsos dioses y demonios a través
de la participación ocultista y la hechicería en el nombre de Jesús.

Rompo y anulo todo espíritu matrimonial que pueda causar que los
demonios de *incubus* y *sucubus* ataquen mi vida en el nombre de Jesús.

Rompo todo acuerdo con el infierno en el nombre de Jesús (Is. 28:18).

Tengo un pacto con Dios a través de la sangre de Jesucristo.

Me uní al Señor y soy un espíritu con Él.

Rompo todo pacto impío y renuevo mi pacto con
Dios a través del cuerpo y la sangre de Jesús.

Capítulo 21

EL AYUNO PARA ROMPER EL PODER DEL ESPÍRITU RELIGIOSO

En la cátedra de Moisés se sientan los escribas y los fariseos.
Así que, todo lo que os digan que guardéis, guardadlo y hacedlo; más
no hagáis conforme a sus obras, porque dicen, y no hacen. Porque
atan cargas pesadas y difíciles de llevar, y las ponen sobre los hombros
de los hombres; pero ellos ni con un dedo quieren moverlas.

—MATEO 23:2–4

UNO DE LOS demonios más tenaz que he visto es el espíritu religioso, un espíritu que hace que la gente rechace el cambio y el crecimiento. Provoca que ellos se mantengan tercamente en enseñanzas que no son de Dios. Es difícil enseñarle a la gente que han sido enseñados en cierta manera de vivir. El espíritu religioso causa que la gente sea la más terca que usted pueda llegar a conocer. Una de las cosas con las que el espíritu religioso necesita ser encarado es que según crecemos en Dios, nuestra revelación de Dios crece. Todos nosotros necesitamos cambiar. No podemos mantenernos obstinadamente en una enseñanza que es contraria a las Escrituras. Debemos ser suficientemente humildes para admitir que no lo sabemos todo. Todos estamos creciendo y aprendiendo. Todos necesitamos cambiar.

Hay muchas cosas de las que puedo hablar que he tenido que cambiar en mi vida en los últimos años de ministerio. Y hay cosas con las que he tenido que luchar a brazo partido de las que prediqué y sonaban bien, pero no eran verdaderamente precisas. Y tuve que cambiarlas, porque Dios me dio mayor iluminación y entendimiento.

Los espíritus religiosos pueden ser muy tercos, pero pueden ser quebrantados a través del ayuno y la oración. La parte más difícil es ser capaz de reconocer a este espíritu en tu propia vida. La gente atada por espíritus religiosos tiene la tendencia de juzgar a otros y no juzgar sobriamente su propia condición de pecado. Si el Señor le ha dado gracia para ver más allá de su propia ceguera que usted está sufriendo con este espíritu, comience a ayunar y orar para liberarse de una vez por todas.

ORACIONES QUE ROMPEN EL PODER DEL ESPÍRITU RELIGIOSO

Ato y echo fuera todo espíritu de juicio, orgullo y falta de ser enseñado en el nombre de Jesús.

Ato y echo fuera todo espíritu de control y posesividad en el nombre de Jesús.

No tendré un concepto más alto de mí del que debo tener. Sino que pensaré con cordura (Ro. 12:3).

Remuevo el espíritu religioso de los lugares altos (2 R. 23:8).

Destruyo todo yugo y carga de religión y legalismo en mi vida por líderes religiosos en el nombre de Jesús (Mt. 23:4).

Ordeno a todo espíritu de duda, incredulidad, error, herejía y tradición que haya venido a través de la religión a salir fuera en el nombre de Jesús.

Ato y echo fuera a todo espíritu de voluntad propia, egoísmo y terquedad en el nombre de Jesús.

Ato y echo fuera todo espíritu de acusación en el nombre de Jesús.

Ordeno a todo espíritu de orgullo, terquedad, desobediencia, rebelión, voluntad propia, egoísmo y arrogancia a salir fuera de mi voluntad en el nombre de Jesús.

Ato y echo fuera todo espíritu de control mental, de pulpo y calamar en el nombre de Jesús.

ORACIONES Y DECLARACIONES DEL HUMILDE

Señor, soy humilde. Guíame en justicia y enséñame tus caminos (Pr. 25:9).

Me humillaré ante el Señor y él me levantará (Stg. 4:10).

No permitiré que el orgullo entre a mi corazón y me cause vergüenza. Me humillaré y vestiré de sabiduría (Pr. 11:2).

Señor, tú tienes placer en mí. Tú me embelleces con
la salvación, porque soy humilde (Sal. 149:4).

Señor, tú mirarás a todo aquel que es altivo y lo humillarás (Job 40:11).

Señor, tú me salvarás (Sal. 18:27).

Sustentaré la honra (Pr. 29:23).

Mejor humillo mi espíritu con los humildes que
repartir despojos con los soberbios (Pr. 16:19).

Me humillaré bajo la poderosa mano de Dios para que
él me exalte cuando sea el tiempo (1 P. 5:6).

Mi alma se gloriará en el Señor, los humildes
lo oirán y se alegrarán (Sal. 34:2).

Veré lo que Dios ha hecho y me gozaré. Porque
busco a Dios, mi corazón vivirá (Sal. 69:32).

No seré como Amón, pero me humillaré delante
del Señor y no pecaré más (2 Cr. 33:23).

Dios, tú das más gracia. Tú resistes al soberbio,
pero das gracia al humilde (Stg. 4:6).

Déjame ser como Moisés, quien era tan humilde más que
todos los hombres sobre la faz de la tierra (Nm. 12:3).

No fijaré mi mente en cosas elevadas, pero me asociaré con el
humilde. No seré sabio en mi propia opinión (Ro. 12:16).

Por humildad y el temor del Señor será la
riqueza, la honra y la vida (Pr. 22:4).

A nadie difamaré. Sino que mostraré mansedumbre,
amabilidad y humildad a todos los hombres (Tit. 3:2).

El temor del Señor es la instrucción de la sabiduría, y
antes del honor la humildad (Pr. 15:33).

Antes de la destrucción, se eleva el corazón del hombre, y
antes de la honra es la humillación (Pr. 18:12).

Como escogidos de Dios, santos y amados. Me vestiré de entrañable misericordia, de benignidad, humildad, mansedumbre y paciencia (Col. 3:12).

Buscaré al Señor. Buscaré su justicia y humildad para ser guardado en el día del enojo del Señor (Sof. 2:3).

Tomaré el yugo de Cristo, aprenderé de él, porque él es manso y humilde de corazón (Mt. 11:29).

Haré lo que el Señor requiera de mí: haré justicia, amaré la misericordia, y caminaré humildemente con mi Dios (Mi. 6:8).

Deseo ser como Cristo, quien se humilló a sí mismo y se hizo obediente hasta la muerte y muerte de cruz (Flp. 2:8).

Capítulo 22

EL AYUNO PARA ROMPER EL ESPÍRITU DE CARNALIDAD Y DOBLE ÁNIMO

¡Oh almas adúlteras! ¿No sabéis que la amistad del mundo
es enemistad contra Dios? Cualquiera, pues, que quiera ser
amigo del mundo, se constituye enemigo de Dios.
—SANTIAGO 4:4

EL DOBLE ÁNIMO es una especie de mundanalidad y carnalidad. El espíritu de rechazo casa a la persona con el mundo por amor. Es simplemente el sustituto de Satanás para el verdadero amor. La mundanalidad puede ser vista en la rebelión de la juventud. La juventud frecuentemente se envuelve en un estilo de vida lujurioso, de perversión, drogas, etc. Los padres frecuentemente están al punto del desespero. Las señales de doble ánimo pueden ser vistas en perforaciones, tatuajes, vestimenta "punk", vestimenta gótica, ropa provocativa, adicción a las drogas, fumar, huidas, peleas, actividad pandillera, blasfemias, falta de respeto a la autoridad, estilos de vida alternos, depresión, tendencias suicidas y abstinencias.

Para la generación actual, los jóvenes americanos perturbados que se rebelan contra la figura de autoridad, han sido diagnosticados cada vez más con enfermedades mentales y medicados con drogas psiquiátricas (psicotrópicas).

Los jóvenes perturbados que han sido medicados con Ritalin, Aderal y otras anfetaminas rutinariamente reportan que estas drogas hacen—que no les importe—acerca de su aburrimiento, resentimiento y otras emociones negativas haciéndolos más obedientes y manejables. Y le llaman antisicóticos atípicos, tales como Risperdal y Zyprexa, que son poderosas drogas tranquilizantes que están siendo prescritas en aumento para jóvenes en tormento, aunque en muchos casos no muestren ningún síntoma sicótico.[1]

Los jóvenes de doble ánimo se han vuelto una epidemia. Muchos de ellos no saben con lo que están lidiando. La solución de Dios es la liberación y sanidad. El doble ánimo ha sido también llamado agresividad pasiva, pero es simplemente rechazo y rebelión.

EL AYUNO QUE ROMPE LOS PODERES DE LA CARNALIDAD, DIVISIÓN Y CONTIENDA

El fin de los cuales será perdición, cuyo dios es el vientre, y cuya gloria es su vergüenza; que sólo piensan en lo terrenal.

—FILIPENSES 3:19

La carnalidad es un problema en muchas familias en el Cuerpo de Cristo. El ser carnal significa andar en la carne. Significa pensar en cosas terrenales. La carnalidad se refiere a ser gobernado por los apetitos de la carne como lo discutí en el capítulo 16. No debemos ser controlados por el vientre. El ayuno quita el poder del vientre y fortalece el espíritu. Ser de mente carnal es muerte. Ser de mente espiritual es vida y paz (Ro. 8:6). La carnalidad causa división y contienda (1 Co. 3:13). La carnalidad priva a los creyentes de crecer y alcanzar la madurez. La carnalidad previene al creyente de entender las verdades profundas de las Escrituras.

El ayuno ayuda a los creyentes a enfocarse en las cosas espirituales. El ayuno nos libera del poder de la carne. El ayuno incrementa el discernimiento espiritual (1 Co. 2:15).

ORACIONES PARA ROMPER EL PODER DEL DOBLE ÁNIMO

Rompo toda maldición de esquizofrenia y doble ánimo en mi familia en el nombre de Jesús.

Ato y reprendo cada espíritu que intenta distorsionar, perturbar o desintegrar el desarrollo de mi personalidad en el nombre de Jesús.

Ato y reprendo el espíritu de doble ánimo en el nombre de Jesús (Stg. 1:8).

Ato y tomo autoridad sobre todo hombre fuerte de rechazo y rebelión, y los separo en el nombre de Jesús.

Ato y echo fuera todo espíritu de rechazo, miedo al
rechazo, autorechazo, en el nombre de Jesús.

Ato y echo fuera todo espíritu de lujuria, fantasía lujuriosa,
prostitución y perversidad en el nombre de Jesús.

Ato y echo fuera todo espíritu de inseguridad
e inferioridad en el nombre de Jesús.

Ato y echo fuera todo espíritu de autoacusación y
confesión compulsiva en el nombre de Jesús.

Ato y echo fuera todo espíritu de miedo a ser
juzgado, autoconmiseración, falsa compasión y falsa
responsabilidad en el nombre de Jesús.

Ato y echo fuera todo espíritu de depresión, abatimiento,
desesperación, desaliento y desesperanza en el nombre de Jesús.

Ato y echo fuera todo espíritu de culpa, condenación,
indignidad y vergüenza en el nombre de Jesús.

Ato y echo fuera todo espíritu de perfección, orgullo, vanidad, ego,
intolerancia, frustración e impaciencia en el nombre de Jesús.

Ato y echo fuera todo espíritu de injusticia, abstinencia, mala cara,
irrealidad, fantasía, sueños e imaginación vívida en el nombre de Jesús.

Ato y echo fuera todo espíritu de autoconciencia, timidez,
soledad y sensibilidad en el nombre de Jesús.

Ato y echo fuera todo espíritu de locuacidad, nerviosismo,
tensión y miedo en el nombre de Jesús.

Ato y echo fuera todo espíritu de voluntad propia,
egoísmo y terquedad en el nombre de Jesús.

Ato y echo fuera todo espíritu de acusación en el nombre de Jesús.

Ato y echo fuera todo espíritu de autoengaño, autodecepción
y autoseducción en el nombre de Jesús.

Ato y echo fuera todo espíritu de juicio, orgullo y
falta de ser enseñable en el nombre de Jesús.

Ato y echo fuera todo espíritu de control y posesividad en el nombre de Jesús.

Ato y echo fuera toda raíz de amargura en el nombre de Jesús.

Ato y echo fuera todo espíritu de odio, resentimiento, violencia, asesinato, falta de perdón, ira, represalia en el nombre de Jesús.

Ato y echo fuera espíritus de paranoia, sospecha, desconfianza, persecución, confrontación y miedo en el nombre de Jesús.

Capítulo 23

EL AYUNO QUE ROMPE EL ESPÍRITU DE ORGULLO

Pero yo, cuando ellos enfermaron, me vestí de cilicio;
afligí con ayuno *mí alma, y mi oración se volvía a mi seno.*
—SALMO 35:13, ÉNFASIS AÑADIDO

U NO DE LOS grandes beneficios del ayuno es la humillación del alma. El ayuno es una forma poderosa para usted humillarse. La humildad es la llave para la promoción y la bendición. Santiago 4:10 dice: "Humillaos delante del Señor, y él os exaltará".

El ayuno ayuda a romper el poder del orgullo y la rebelión. El orgullo y la rebelión son rampantes en nuestra sociedad. El ayuno es casi un arte olvidado. La humildad y la mansedumbre son rara vez vistos en la vida de la gente.

Antes del quebrantamiento se eleva el corazón del hombre, y antes de la honra es el abatimiento.

—PROVERBIOS 18:12

Igualmente, jóvenes, estad sujetos a los ancianos; y todos, sumisos unos a otros, revestíos de humildad; porque: Dios resiste a los soberbios, y da gracia a los humildes.

—1 PEDRO 5:5

La humildad le coloca en una posición de recibir la gracia de Dios. La gracia de Dios es su fuerza, su poder, y su habilidad. El ayuno hace que la gracia de Dios aumente en su vida.

EL ORGULLO, LA ENFERMEDAD Y LOS ESPÍRITUS GENERACIONALES

...para quitar al hombre de su obra, y apartar del varón la soberbia. Detendrá su alma del sepulcro, y su vida de que perezca a espada. También sobre su cama es castigado con dolor fuerte en todos sus huesos, que le hace que su vida aborrezca el pan, y su alma la comida suave.

—JOB 33:17–20

La enfermedad puede ser resultado del orgullo. El dolor también puede ser resultado del orgullo. La enfermedad frecuentemente resulta en la pérdida del apetito. Este es un ayuno forzado. El ayuno humilla el alma. El ayuno nos ayuda a vencer el hombre fuerte del orgullo. El orgullo y la rebelión son espíritus generacionales que son frecuentemente difíciles de vencer. La glotonería y la embriaguez son señales de rebelión (Dt. 21:20).

La rebelión es un pecado de hechicería (1 S. 15:23) Dios humilló a Israel en el desierto al alimentarlos sólo con maná (Dt. 8:3) Israel codició carne en el desierto. Esto fue una manifestación de rebelión (Sal. 106:14–15).

ORACIONES QUE ROMPEN EL ESPÍRITU DE ORGULLO

Que el Señor arruine la soberbia de Judá y la
mucha soberbia de Jerusalén (Jer. 13:9).

Rompo el orgullo de Moab. Ya no estará orgulloso de su altivez, soberbia e ira. Las mentiras que habla, no serán firmes (Is. 16:6).

Gracias, Señor, que me has hecho quitar de mis obras, detener mi alma del sepulcro y guardar mi vida de perecer a espada (Job 33:17).

Señor, quebranto el espíritu de orgullo. Por favor,
contéstame cuando a ti clamo (Job 35:12).

Reprendo la vergüenza que viene del espíritu de orgullo (Pr. 11:2).

Vengo en contra de la contienda que viene con el espíritu de orgullo (Pr. 13:10).

Rompo el espíritu de orgullo para no caerme y ser destruido (Pr. 16:18).

Rompo el espíritu de orgullo. No me derribará.
Tendré un espíritu humilde (Pr. 29:3).

El orgullo no me servirá de collar ni me cubrirá
de violencia como un adorno (Sal. 73:6).

El espíritu de orgullo no causará que me disperse (Lc. 1:51).

No me envaneceré ni caeré en la misma
condenación como el diablo (1 Ti. 3:6).

Rompo el orgullo de mi vida en el nombre de Jesús. No tropezaré
en mi iniquidad como Israel, Efraín y Judá (Os. 5:5).

El espíritu de orgullo no me gobernará. No voy a ser
desolado en el día de la represión (Os. 5:9).

El Señor está por encima del espíritu de orgullo (Éx. 18:11).

Escucha y oye, espíritu de orgullo. El Señor ha hablado (Jer. 13:15).

Le ordeno al espíritu de orgullo que cese la persecución
de los pobres. Deja que ese espíritu sea capturado
en los artificios que ha ideado (Sal. 10:2).

Que no venga pie de orgullo contra mí y la mano
del impío no me mueva (Sal. 36:11).

Quebrantaré la soberbia del orgullo; y haré su cielo
como hierro, y su tierra como bronce (Lv. 26:19).

Permite que el orgullo de Israel sea roto en el nombre de Jesús.

No permitas que testifiquen en tu cara para que
no se vuelvan al Señor, su Dios (Os. 7:10).

Señor, trae deshonra al espíritu de orgullo y abate
a los ilustres de la tierra (Is. 23:9).

Yo temo al Señor; por tanto, odio la maldad, el orgullo, la
arrogancia y el mal camino. Odio la boca perversa (Pr. 8:13).

Rompo el espíritu de vanagloria de la vida, porque
no es del Padre, sino del mundo (1 J. 2:16).

No seré sabio en mis propios ojos (Pr. 26:12).

Permite que la corona de orgullo, y los ebrios de
Efraín sea pisoteados bajo mis pies (Is. 28:3).

Como el nadador se extiende para nadar, Señor, extiende
tus manos y abate al orgulloso y su engaño (Is. 25:11).

El Señor humillará los ojos altivos (Sal. 18:27).

Como el rey Ezequías, deja que los líderes orgullosos se humillen
para que la ira del Señor no venga sobre el pueblo (2 Cr. 32:26).

No dejes que el espíritu de orgullo de mi corazón me
engañe. He sido derribado al suelo (Ab. 3).

El orgullo en el corazón es abominación al Señor. No
permitas que quede sin castigo (Pr. 16:5).

Permite que todas sus ciudades y todo en ellas
sea dado a sus enemigos (Am. 6:8).

Aquellos que caminan en orgullo serán abatidos por el rey del cielo (Dn. 4:37).

Aquellos que sostienen a Egipto caerán; el orgullo de su
poderío caerá con ellos a filo de espada (Ez. 30:6).

Vengo en contra del espíritu de orgullo y del hombre
altivo, quien actúa con arrogante orgullo (Pr. 21:24).

Permite que el soberbio tropiece y caiga, y que nadie
lo levante. Permite que el Señor encienda fuego en sus
ciudades y devore todo a su alrededor (Jer. 50:32).

Permitiré que otro hombre me alabe y no mi propia
boca; un extraño y no mis propios labios (Pr. 27:2).

No me clasificaré o compararé con aquellos que se alaban
a sí mismos. Ellos no son sabios (2 Co. 10:12).

No respeto el orgullo de aquellos que van tras la mentira.
Yo hago del Señor mi confianza (Sal. 40:4).

Señor, mi corazón no es altivo (Sal. 131:1).

Permite que el Señor detenga la arrogancia de los
soberbios y abata la altivez de los fuertes (Is. 13:11).

El Señor no soportará al de ojos altaneros y corazón vanidoso (Sal. 101:5).

No hablaré orgullosamente y no dejaré que la
arrogancia salga de mi boca (1 S. 2:3).

El Señor resiste el orgullo. Déjame ser como los
humildes, uno que recibe gracia de Dios (Stg. 4:6).

No tendré un concepto más alto de mí del que debo
tener. Sino que pensaré con cordura (Ro. 12:3).

Capítulo 24

EL AYUNO QUE ROMPE CICLOS CRÓNICOS DE RETROCESOS

Mas el justo vivirá por fe; y si retrocediere, no agradará a mí alma.

—HEBREOS 10:38

EL RETROCESO Y la inconstancia en el camino de la fe son signos de doble ánimo, vacilación entre dos estilos de vida. Yo he visto esto como un patrón en muchos creyentes. He visto creyentes comprometidos con Cristo volver y regresar al mundo. Luego regresan y repiten ese proceso una y otra vez. Esto es angustioso.

Esto también fue una problemática en la iglesia del primer siglo. Muchos creyentes se apartaban de la fe y regresaban al sistema viejo de la ley. Estaban vacilando en su fe. Estos cristianos también estaban luchando y combatiendo unos con otros, y Santiago les ordenó humillarse y limpiar sus manos (Stg. 4). Note en este mismo pasaje que los espíritus de lujuria y orgullo prevalecen en el de doble ánimo, y hay contención y adulterio. El adulterio es infidelidad al pacto y se puede referir al retroceso y la apostasía. Algunos de estos creyentes estaban dejando a Cristo y retornando al mundo; Santiago se refirió a ellos como pecadores (v. 8).

El doble ánimo produce incredulidad y duda. La reincidencia y la apostasía pueden ser señales de doble ánimo. El profeta Jeremías reveló que el remedio para el retroceso es la sanidad, en otras palabras, la liberación (Jer. 3:22).

¿Es usted de doble ánimo en su caminar con Cristo? ¿Tiene usted un historial de retroceso y de apartarse de la fe? ¿Es usted culpable de la mundanalidad y la carnalidad? ¿Se agrieta usted cuando está bajo presión o persecución, y regresa a las cosas del mundo? Estas son señales de doble ánimo.

La persona de doble ánimo no es suficientemente estable para lidiar con los retos que frecuentemente vienen al creyente. Con frecuencia, estas personas se retiran o rebelan. Tenemos que ser estables si vamos a caminar con Dios consistentemente. La liberación es la respuesta, y yo estoy comprometido a ver esta verdad enseñarse en la iglesia.

Un análisis detallado sobre el retroceso en el Antiguo y Nuevo Testamento

Las palabras en hebreo para el término *retroceso* es *mshuwbah*, que significa "apostasía; retroceso, tornarse atrás",[1] y *sarar*, que significa "tornarse atrás, esto es, (moralmente) ser refractario; fuera, retroceder, rebelarse, rebelde, deslizarse hacia atrás, tropezar, retirar".[2] Otras palabras en hebreo, *shobab*, y *shobeb*, significan "apóstata, a saber, idólatra; reincidencia, obstinadamente, retirarse (estar al margen)"; "pagano o (actualmente), reincidente".[3]

Israel era una nación de doble ánimo, entrando y saliendo del pacto con Dios. No eran consistentes en su lealtad para con Dios. Israel era culpable de rebelión, separación, terquedad, idolatría y de actuar como las naciones paganas que la rodeaban. Esto me hace no tener duda que el retroceso crónico es una manifestación del doble ánimo.

EL AYUNO PUEDE RESTAURAR SU PACTO CON DIOS

> El día veinticuatro del mismo mes se reunieron los hijos de Israel en ayuno, y con cilicio y tierra sobre sí....A causa, pues, de todo esto, nosotros hacemos fiel promesa, y la escribimos, firmada por nuestros príncipes, por nuestros levitas y por nuestros sacerdotes.
>
> —NEHEMÍAS 9:1, 38

El ayuno es una forma en la que podemos renovar el pacto con Dios. El ayuno ayuda al creyente caído a ser restaurado. Ayunar es una parte de renovar nuestro compromiso con las cosas de Dios.

ORACIONES DE ARREPENTIMIENTO

Señor, me arrepiento en polvo y ceniza (Job 42:6).

Me arrepentiré para no perecer (Lc. 13:3).

Me arrepiento por mi maldad y oro que los pensamientos de mi corazón me sean perdonados (Hch. 8:22).

No toleraré el espíritu de Jezabel en mi vida. No sufriré angustia por su adulterio. Me arrepentiré y me aferraré a lo que tengo (Ap. 2:20–25).

Gracias Señor, que mis pecados han sido borrados
y tiempos de refrigerio han venido de tu presencia,
porque me arrepentí y me convertí (Hch. 3:19).

Señor, me arrepiento. No remuevas mi candelero de su lugar
(Ap. 2:5).

Recibo el don del Espíritu Santo, porque me he
arrepentido y me he bautizado (Hch. 2:38).

Señor, me arrepiento porque tu reino se ha acercado (Mt. 3:2).

Señor, me arrepiento para que tus magnas
obras sean hechas en mí (Mt. 11:20).

Seré celoso y me arrepentiré, pues tú me
reprendes porque me amas (Ap. 3:19).

Me volveré a Dios y haré obras dignas de arrepentimiento
(Hch. 26:20).

Me arrepiento porque tú no siempre mirarás mi ignorancia
(Hch. 17:30).

El asirio no será mi rey, porque yo voluntariamente
me arrepiento (Os. 11:5).

Me arrepiento y creo al evangelio (Mr. 1:1).

Me arrepiento de mi maldad y mis malos caminos
para que pueda habitar en la tierra que el Señor me ha
dado a mí y a mis padres para siempre (Jer. 25:5).

Me arrepiento Señor, y me aparto de todos mis ídolos
y de todas mis abominaciones (Ez. 14:6).

No me juzgues, oh Señor, pues me arrepiento y me torno de todas
mis transgresiones para que la iniquidad no me arruine (Ez. 18:30).

Me arrepiento y te suplico, Señor, diciendo: "He pecado y
he hecho lo malo. He cometido impiedad" (1 R. 8:47).

Me acuerdo de lo que he recibido y oído. Me arraigo, me
arrepiento y permanezco vigilante (Ap. 3:3).

Que el arrepentimiento y la remisión de pecados sea predicado en tu nombre a todas las naciones (Lc. 24:47).

Me arrepiento delante de Dios y permanezco fiel hacia mi Señor Jesucristo (Hch. 20:21).

El dolor piadoso produce arrepentimiento guiándonos a la salvación. No me arrepiento de ello (2 Co. 7:10).

El Señor da a Israel arrepentimiento y perdón de pecados (Hch. 5:31).

Me levantaré e iré a mi Padre y le diré: "Padre, he pecado contra el cielo y contra ti" (Lc. 15:18).

ORACIONES QUE ACTIVAN EL PACTO DE DIOS EN SU VIDA

Shalom, la prosperidad y paz son mías a través de Jesucristo.

Soy un santo de Dios.

Soy un hijo de Dios.

Tengo un pacto con Dios.

Mi pacto es un pacto de paz, prosperidad y bendición.

Camino en pacto todos los días de mi vida.

Disfruto la prosperidad, paz y seguridad todos los días de mi vida.

Caminaré en pacto.

Seré fiel al pacto a través de la sangre de Jesús.

Tengo un pacto de paz y prosperidad en mi vida.

Señor, tú guardas el pacto y la misericordia con aquellos que te aman y guardan tus mandamientos.

Señor, tú bendices a aquellos que obedecen tu voz y guardan tu pacto.

Señor, me arraigo a tu pacto a través de la muerte y el sacrificio tuyo.

Escojo la vida (bendición) (Dt. 30:19).

Permite que tus bendiciones vengan sobre mí y me sobrecojan (Dt. 28:2).

Déjame ser bendecido en la ciudad y bendecido en el campo (Dt. 28:3).

Permite que el fruto de mi cuerpo sea bendecido, y que todo el fruto de mi trabajo sea bendecido (Dt. 28:4).

Permite que mi canasta y mi artesa sean bendecidas (Dt. 28:5).

Permíteme ser bendecido en mi entrada y en mi salida (Dt. 28:6).

Permite que los enemigos de mi alma huyan delante de mí por siete caminos (Dt. 28:7).

Ordena tu bendición sobre mis graneros y sobre todo aquello que ponga mis manos, y bendice mi tierra (Dt. 28:8).

Establéceme como una persona santa delante de ti, Señor (Dt. 28:9).

Deja que toda la gente vea que he sido llamado por tu nombre (Dt. 28:10).

Hazme sobreabundar en bienes (Dt. 28:11).

Abre tu buen tesoro, y deja que la lluvia del cielo caiga sobre mi vida y bendiga la obra de mis manos (Dt. 28:12).

Déjame dar a muchas naciones y no pedir prestado (Dt. 28:12).

Hazme cabeza y no cola (Dt. 28:13).

Hazme estar arriba y no abajo (Dt. 28:13).

Capítulo 25

EL AYUNO QUE TRAE AVANCE EN EL MATRIMONIO

Por tanto, lo que Dios juntó, no lo separe el hombre.
—MARCOS 10:9

L A MENTE DE doble ánimo afecta nuestra capacidad de honrar y permanecer fiel al pacto. El pacto requiere estabilidad, lealtad y fidelidad. ¿Cómo andamos en pacto si somos de doble ánimo? ¿Cómo podemos tener relaciones de pacto fuertes si somos de doble ánimo? Dios es un Dios que guarda el pacto, y nuestra relación con Él se basa en el pacto.

El matrimonio es un pacto entre un esposo y una esposa. ¿Es de extrañarse que tengamos tantos divorcios dentro y fuera de la iglesia? Hay demasiadas personas inestables que entran en el matrimonio. Las personas de doble ánimo tendrán inestabilidad en sus matrimonios. Seguiremos viendo matrimonios con problemas, a menos que lidiemos con el doble ánimo. Con un gran número de matrimonios que terminan en divorcio, no es de extrañar que el doble ánimo es un problema importante.

> Que afilan como espada su lengua; lanzan cual saeta suya, palabra amarga, para asaetear a escondidas al íntegro; de repente lo asaetean, y no temen.
> —SALMO 64:3-4

Las personas que son amargadas hablan cosas crueles que le causarán daño a usted. Un marido amargado utiliza su lengua para lastimar a su esposa. Una esposa amargada hará lo mismo. Las palabras de una persona amargada se tornan como flechas que atraviesan el corazón de los demás a su alrededor. Es por eso que es muy terrible albergar amargura en un matrimonio. Una pareja que se trata el uno al otro con amargura hablará palabras entre sí mismos tan punzantes y crueles, hasta lograr que las heridas de dolor y del corazón roto se abran. Las palabras duelen.

La Biblia dice que los maridos amen a sus esposas (Ef. 5:25). El amor es amable. El amor habla palabras amables. Luego, en Colosenses 3:19, se insta a los maridos a no sólo amar a sus esposas, sino que también advierte: "No sean ásperos con ellas". El Espíritu de Dios le dice específicamente a los maridos a no ser amargados con sus esposas. Porque hay una tendencia, y una tentación para los hombres que están casados, que si están amargados, se desquitan con sus esposas. Los hombres amargados son la causa de muchos problemas matrimoniales y divorcios.

Esto no significa que las mujeres no pueden ser amargadas. Cualquier persona puede tener el espíritu de amargura, pero esta escritura particular, le dice específicamente a los hombres que no sean ásperos con sus esposas. Después de haber tratado con muchas mujeres en la consejería, he hablado con las mujeres que se preguntan por qué sus maridos son tan abusivos, verbalmente, físicamente, y las tratan de una manera cruel. A menudo, la raíz de los malos tratos del hombre hacia su esposa es porque él no ha resuelto con la amargura en su propia vida.

Cuando está amargado, usted se enfada y es abusivo. Debido a que el esposo y la esposa están unidos, el matrimonio es la alianza más cercana que se puede tener, a menudo, las mujeres sufren porque los hombres no se han ocupado de lidiar con su amargura. La amargura de un hombre destruye su matrimonio y sus familias. Tiene un efecto sobre sus hijos. Aunque la amargura oprime a los hombres y las mujeres, tiendo a enfocarme más en los hombres, porque en la vida va a encontrarse con muchos hombres que no han lidiado con ella.

Una palabra para los esposos y padres

Hay muchos hombres de doble ánimo que están casados y tienen hijos. Las familias necesitan hombres fuertes y firmes. Los hombres están llamados a ser los proveedores y protectores de la familia. Cuando llegan los problemas, el marido y padre debe ser capaz de ponerse de pie y decir: "Cariño, yo me encargo de esto. No te preocupes, nena. Niños, no se preocupen. Todo está bien. Yo le creo a Dios. Yo oro. Yo ato. Yo desato. Yo tomo autoridad sobre el diablo. Soy el jefe de mi casa. Diablo, no puedes tener a mi esposa, a mis hijos o a mi familia. Tú no nos destruirás, porque yo confío en Dios. Yo soy el que cubro a mi familia. Yo soy el jefe de esta casa".

Sin embargo, lo que encontramos con demasiada frecuencia son hombres débiles, de doble ánimo, que dejan que sus mujeres vayan a la iglesia y hagan todo lo concerniente a la oración y la fe, mientras que ellos se quedan en casa viendo el fútbol. Luego, cuando vienen los problemas espirituales no saben cómo orar, reprender al diablo, liberar, lidiar por todo, declarar una escritura, o cualquier otra cosa. Dejan a sus familias vulnerables a los ataques.

Las familias del reino necesitan hombres piadosos que se pongan de pie y digan: "Yo temo al Señor. Mi corazón está firme. No seré conmovido. Soy un hombre de Dios. No soy de doble ánimo. Yo soy de una sola mente. Yo ya he tomado la decisión. Estoy fundamentado en Dios. No estoy indeciso. No estoy dudando. Yo le creo a Dios. Tomo el escudo de la fe, y apago todos los dardos de fuego del maligno. Yo no soy Acab, un hombre de doble ánimo".

Especialmente, reto a los hombres a asirse del mensaje de este libro. Yo reto a los hombres a ponerse de pie y ser de una sola mente. Sea sanado y liberado del doble ánimo y permita que Dios lo estabilice para que su personalidad sea madura en Cristo. Como discutiré en el último capítulo del creyente del Salmo 112, usted puede ser el hombre que no tema a las malas noticias, porque su corazón está firme, confiado en el Señor. Afirme su corazón en Dios. Tome la decisión clara de servir a Dios y amarlo con todo el corazón. Sea un hombre de Dios. Ame su Palabra. Ame su Espíritu. Ame lo que es justo y santo. Ame las cosas de Dios. Declare que no se avergonzará de ser un hombre de Dios en todos sus caminos, que nunca lo comprometerá.

Otros hombres pueden titubear y ser borrachos, fornicarios, mentirosos y tramposos. Otros hombres no quieren casarse, criar a sus hijos, o mantener el pacto. Pero eso no es lo que usted tiene que ser, hombre de Dios. Eso no es lo que usted debe querer hacer. Usted puede ser un hombre de Dios, que ama a su esposa, ama a sus hijos, ama a la gente, es santo y limpio, le encanta orar, adorar, cantar y hablar de las cosas de Dios. Sí, puede ser un hombre de Dios, cuyo corazón esté firme. Usted puede saber quién es. Usted puede estar seguro de lo que usted cree y en quién ha creído. Puede ser estable.

ORACIONES PARA UN MATRIMONIO FUERTE

Echo fuera todos los espíritus destructores de matrimonios de lujuria que pueden romper el pacto en el nombre de Jesús.

Padre, el espíritu de Jezabel es un espíritu seductor que está causando hoy en día la destrucción desenfrenada. Enséñame a honrar el matrimonio y proteger lo sagrado de la intimidad sexual entre marido y mujer. Que nunca olvide que Dios traza una línea firme en contra de las relaciones sexuales ocasionales e ilícitas (Heb. 13:4).

Tomo autoridad sobre mis pensamientos y ato todos los espíritus de fantasía y pensamiento lujurioso en el nombre de Jesús.

Rompo y me libero de todas las maldiciones de divorcio y separación.

Padre, tu Palabra enseña la dolorosa lección de la mala influencia de Jezabel. Aunque el rey Josafat te amó y sirvió a lo largo de su vida, su hijo Joram, quien se convirtió en rey después de él, se casó con la hija de la malvada reina Jezabel. Joram fue influenciado por este espíritu malo generacional y llevó a su reino a adorar dioses falsos, cayendo en una gran inmoralidad (2 Cr. 21:11). Como resultado, le provocaste una enfermedad estomacal dolorosa que lo llevó a la muerte. Señor, ayúdanos a guiar a nuestros hijos a tener matrimonios piadosos y a enseñarles las consecuencias de entrar en yugo desigual en el matrimonio, con el espíritu malo de Jezabel obrando en la vida de la persona.

Padre, tú enseñas en tu Palabra: "Cualquiera que repudie a su mujer, dele carta de divorcio. Pero yo os digo que el que repudia a su mujer, a no ser por causa de fornicación, hace que ella adultere; y el que se casa con la repudiada, comete adulterio" (Mt. 5:31–32). Detén la mala influencia de Belial haciendo que los hombres y las mujeres participen en relaciones adúlteras y de inmoralidad sexual. Belial busca la destrucción de la institución divina del matrimonio. Guárdame puro en mis relaciones, y permíteme unirme a la lucha para salvar el matrimonio en mi país.

Padre, tú le dijiste a la iglesia en Tiatira: "Yo conozco tus obras, y amor, y fe, y servicio, y tu paciencia, y que tus obras postreras son más que las primeras. Pero tengo unas pocas cosas contra ti: que toleras que esa mujer Jezabel, que se dice profetisa, enseñe y seduzca a mis siervos a fornicar y a comer cosas sacrificadas a los ídolos. Y le he dado tiempo para que se arrepienta, pero no quiere arrepentirse de su fornicación. He aquí, yo la arrojo en cama, y en gran tribulación a los que con ella adulteran, si no se arrepienten de las obras de ella" (Ap. 2:19–22). Examina mi corazón, Señor, y muéstrame mi corazón. Si el espíritu de Jezabel está presente en mi vida, me arrepiento, y abogo por tu perdón. Y si ese espíritu maligno se ha infiltrado de alguna manera en mi familia y ha influenciado a los miembros de mi familia con sus malas enseñanzas, revélame, y échalo fuera de mi casa. Quiero que mi amor por ti y el amor de mi familia por ti sea puro y santo delante de tus ojos.

Capítulo 26

EL AYUNO QUE RESTAURA LO PERDIDO

Ayunamos, pues, y pedimos a nuestro Dios sobre esto, y él nos fue propicio.
—ESDRAS 8:23

E SDRAS Y NEHEMÍAS fueron instrumentos en la restauración de la ciudad de Jerusalén, después de la cautividad. Ellos oraron y ayunaron para ver el avance. El ayuno es una clave para la restauración. *Restaurar* significa devolverle la salud. Algunos sinónimos son: *refrescar, recargar, recrear, revitalizar, regenerar.*

Paredes rotas representan vidas rotas. Las personas que han experimentado paredes rotas en sus vidas pueden ser restauradas con la ayuda del ayuno. El ayuno ayuda en la sanidad y la restauración.

> Y los tuyos edificarán las ruinas antiguas; los cimientos de generación y generación levantarás, y serás llamado reparador de portillos, restaurador de calzadas para habitar.
> —ISAÍAS 58:12

> Y os restituiré los años que comió la oruga, el saltón, el revoltón y la langosta, mi gran ejército que envié contra vosotros.
> —JOEL 2:25

El ayuno puede restaurar su alegría, su fuerza, su victoria, su poder, su salud y su unción. Si usted ha perdido su alegría, su entusiasmo, su pasión, su victoria, entonces le animo a que ayune.

EL AYUNO CIERRA LAS BRECHAS Y PRODUCE RESTAURACIÓN Y RECONSTRUCCIÓN

> Y los tuyos edificarán las ruinas antiguas; los cimientos de generación y generación levantarás, y serás llamado reparador de portillos, restaurador de calzadas para habitar.
> —ISAÍAS 58:12

Cuando oí estas palabras me senté y lloré, e hice duelo por algunos días, y ayuné y oré delante del Dios de los cielos.

—Nehemías 1:4

Hay muchos creyentes que necesitan restauración. Necesitan restauración en sus familias, finanzas, relaciones, salud y en su caminar con el Señor. El ayuno es parte de la restauración. El ayuno cierra las brechas. Las brechas son huecos en la pared que le dan al enemigo un punto de entrada en nuestras vidas. Las brechas necesitan ser reparadas y selladas. Cuando las brechas son selladas, el enemigo ya no tiene apertura para atacar.

El ayuno también nos ayuda a mantenernos en el camino correcto (Is. 58:12). El ayuno nos previene de descarriarnos. El ayuno ayudará a aquellos que se han desviado del camino correcto para que vuelvan. El ayuno es una cura para el retroceso.

El ayuno nos ayuda a caminar por el buen camino (Pr. 2:9), el camino de la vida (v. 19), el camino de la paz (Pr. 3:17), la senda antigua (Jer. 6:16), y el camino recto (Heb. 12:13). El ayuno restaura estos caminos y no ayuda a caminar en ellos.

En Nehemías 1 vemos que el viaje de Nehemías de restaurar y reconstruir los muros de Jerusalén comenzó con el ayuno. El ayuno inició acontecimientos que hicieron sus planes posibles. El ayuno será un activo para cualquier persona con el deseo de ver la restauración en la vida de personas que han experimentado la desolación.

El ayuno ayuda a restaurar y reconstruir los muros en nuestras vidas que han sido derrumbados. Los muros son un símbolo de protección y seguridad. Una ciudad sin muros está expuesta al ataque del enemigo (Pr. 25:28). El ayuno ayuda a restaurar los muros de salvación (Is. 60:18). El ayuno ayuda a restaurar los guardas de los muros (Is. 62:6).

Oraciones que cierran brechas y vallados

Cierro toda brecha en mi vida que daría acceso a Satanás y los demonios en el nombre de Jesús (Ec. 10:8).

Oro por cada cerco de protección roto en mi vida para que sea restaurado en el nombre de Jesús (Ec. 10:8).

Me paro en la brecha y hago vallado (Ez. 22:30).

Me arrepiento y recibo perdón por cualquier pecado
que haya abierto la puerta para que cualquier espíritu
pueda entrar y operar en mi vida (Ef. 4:27).

Soy restaurador de calzadas y reparador de portillos (Is. 58:12).

Renuncio a toda palabra torcida que podría causar
una brecha en el nombre de Jesús (Pr. 15:4).

Restauro todas mis brechas, oh Señor (Is. 30:26).

Permite que cada brecha sea detenida en el nombre de Jesús
(Neh. 4:7).

Permite que mis muros sean salvación y mis puertas alabanza
(Is. 60:18).

Oro por un cerco de protección alrededor de mi mente, cuerpo,
finanzas, posesiones y familia en el nombre de Jesús.

Capítulo 27

EL AYUNO PARA EL AVANCE EN LAS VIDAS DE MIS HIJOS

Y todos tus hijos serán enseñados por Jehová; y se multiplicará la paz de tus hijos.

—ISAÍAS 54:13

EL ÉXITO ESPIRITUAL y personal de nuestros hijos es el foco de muchas de las oraciones de los creyentes. Esperamos lo mejor. Sin embargo, hay momentos en que necesitan la fuerza de nuestra fe en las promesas de Dios sobre sus vidas. Hay momentos en que lo que se enfrentan requiere que activemos nuestra sabiduría espiritual y madurez a favor de ellos. Podemos pararnos en la brecha por nuestros hijos, ayunando y orando por su salvación, liberación, seguridad, sanidad, éxito y avance. Los ángeles serán enviados a intervenir en sus vidas y entregarles el futuro y la esperanza que Dios prometió.

No pierda la esperanza si sus hijos están lejos del Señor. Su oración y el ayuno pueden provocar la plenitud de la salvación en sus vidas. Su ayuno puede desactivar y revertir las armas que el enemigo trata de formar en contra de ellos. Serán enseñados por el Señor. No van a apartase del camino del Señor. El ayuno restaura las brechas y los vacíos. El ayuno trae liberación y salvación a los hogares. El ayuno es una cura para el retroceso. El Señor es fiel a su pacto con usted. Él cumple sus promesas.

Mientras ayuna y ora a favor de sus hijos, pídale al Señor que le dé ojos espirituales para ver a sus hijos a través de ellos. No permita que lo que ve en lo natural sacuda su fe de aquello que sabe el Señor le ha prometido.

EL AYUNO LIBERARÁ LA GLORIA DE DIOS PARA SU PROTECCIÓN Y LA DE SUS HIJOS

Entonces nacerá tu luz como el alba, y tu salvación se dejará ver pronto; e irá tu justicia delante de ti, y la gloria de Jehová será tu retaguardia.

—ISAÍAS 58:8

A lo largo de este libro, he usado versículos de Isaías 58 como fundamento, porque es el Señor dando instrucciones de lo que es el ayuno que Él ha escogido. Hay muchas promesas reveladas aquí que Dios honrará y mantendrá cuando ayunamos. La protección divina es otra promesa de Isaías 58.

Dios promete protegernos con su gloria. El ayuno libera la gloria del Señor, que nos cubre. Dios ha prometido cubrir su iglesia con su gloria como defensa (Is. 4:5). El enemigo no puede penetrar o superar esta gloria.

El ayuno preparará el camino para usted y sus hijos y los liberará de los enemigos que acechan.

> Y publiqué ayuno allí junto al río Ahava, para afligirnos delante de nuestro Dios, para solicitar de él camino derecho para nosotros, y para nuestros niños, y para todos nuestros bienes. [...] Y partimos del río Ahava el doce del mes primero, para ir a Jerusalén; y la mano de nuestro Dios estaba sobre nosotros, y nos libró de mano del enemigo y del acechador en el camino.
>
> —ESDRAS 8:21, 31

El profeta Esdras ayunó porque reconoció el peligro de su misión. El ayuno le protegerá a usted y a sus hijos de los planes del enemigo. El ayuno detendrá la emboscada del enemigo. El ayuno hará que su sustancia esté protegida del ataque del enemigo.

CONFESIONES SABIAS PARA DECLARAR SOBRE SUS HIJOS

Mis hijos reciben la sabiduría de Dios y el temor del Señor. Que sean una parte de sus vidas.

Mis hijos van a tomar decisiones sabias.

Mis hijos van a conocer la Palabra de Dios.

Yo creo que la sabiduría es compañera de mis hijos.

La sabiduría los bendecirá.

La sabiduría los protegerá.

La sabiduría los promoverá.

La sabiduría los exaltará.

La sabiduría es lo principal.

Mis hijos reciben sabiduría, la sabiduría de
la Palabra, el Espíritu de sabiduría.

Jesús es la sabiduría.

Él está en sus vidas.

Mis hijos reciben la sabiduría del cielo para caminar en la tierra.

Gracias, Señor, por bendecir a mis hijos con sabiduría.

Mis hijos no van a tomar decisiones insensatas.

Mis hijos no van a optar por lo insensato.

Mis hijos no van a tener relaciones insensatas.

Mis hijos actúan sabiamente todos los días de sus
vidas y son bendecidos en el nombre de Jesús.

Señor, enseña a mis hijos caminos de sabiduría
y llévalos por sendas rectas (Pr. 4:11).

La sabiduría del Señor salvará la vida de mis hijos (Ec. 7:12).

Mis hijos tendrán un corazón comprensivo que
está consagrado en la sabiduría (Pr. 14:33).

Mis hijos tornarán sus oídos a tu sabiduría, Señor, y
se concentrarán en el entendimiento (Pr. 2:2).

Mis hijos no ponen su confianza en humana
sabiduría sino en el poder de Dios (1 Co. 2:5).

En ti, oh Señor, se encuentran los tesoros ocultos de
la sabiduría y del conocimiento (Col. 2:3).

Mis hijos escuchan cuando los mayores hablan por la
sabiduría que viene con la edad (Job 32:7).

Señor, tu sabiduría es más rentable que la plata y tus
salarios son mejores que el oro (Pr. 3:14).

Permite que la sabiduría multiplique los días de mis
hijos y añada años a sus vidas (Pr. 9:11).

Permite que las casas de mis hijos sean edificadas con
sabiduría y se afirmen con prudencia (Pr. 24:3).

Mis hijos no serán tontos que confían en sí mismos, sino
que andarán en sabiduría y estarán seguros (Pr. 28:26).

Permite que el fruto de la vida de mis hijos pruebe
que tu sabiduría es correcta (Lc. 7:35).

Mis hijos andan en sabiduría todos los días de sus
vidas, y mis hijos obedecerán tus mandamientos, para
que puedan crecer en sabiduría (Sal. 111:10).

Permite que el temor del Señor enseñe a mis hijos sabiduría (Pr. 15:33).

Llena mis hijos con tu Espíritu, oh Dios, y dales gran sabiduría,
habilidad y pericia en toda clase de artesanías (Éx. 31:3).

Señor, dale a mis hijos sabiduría y conocimiento
para liderar efectivamente (2 Cr. 1:10).

Deja que los que han partido delante de mis hijos
les dejen un legado de sabiduría (Job 8:8–10).

La verdadera sabiduría y poder se encuentran en ti (Job 12:13).

El precio de tu sabiduría, oh Señor, no puede ser comprado por
alhajas de oro fino; su precio sobrepasa los rubíes (Job 28:17–18).

Mis hijos guardarán silencio, oh Dios. Enséñales sabiduría (Job 33:33).

Tu sabiduría salvará a mis hijos de gente malvada
y de la mujer inmoral (Pr. 2:12, 16).

Mis hijos abrazarán tu sabiduría, porque es felicidad
y árbol de vida para ellos (Pr. 3:18).

Mis hijos prestarán atención a tu sabiduría, oh Dios.
Ellos escucharán atentamente tu consejo sabio (Pr. 5:1).

Dale a mis hijos entendimiento para que tu conocimiento
y sabiduría vengan fácilmente a ellos (Pr. 14:6).

Concédele a mis hijos sabiduría para que ellos puedan tener buen juicio, conocimiento y discernimiento (Pr. 8:12).

Gracias, Señor, porque tú ciertamente le darás a mis hijos la sabiduría y el conocimiento que ellos requieren (2 Cr. 1:12).

Mis hijos no serán impresionados por su propia sabiduría, pero ellos temerán al Señor y se apartarán de la maldad (Pr. 3:7).

Mis hijos no darán la espalda a tu sabiduría, oh Dios, porque ella los protegerá y los guardará (Pr. 4:6).

Tu sabiduría es mejor que la fuerza (Ec. 9:16).

Yo te alabo y te doy gracias, Dios de mis antepasados, porque le has dado a mis hijos sabiduría y fuerza (Dn. 2:23).

Porque tú le darás a mis hijos las palabras correctas y tal sabiduría que ninguno de sus oponentes podrá ser capaz de resistir ni contradecir (Lc. 21:15).

Mis hijos necesitan sabiduría; por consiguiente le pediré a mi Dios generosamente y Él se la dará. Él no me reprochará por pedírsela (Stg. 1:5).

Oro para que mis hijos vivan agradándote, oh Dios, para que tú les concedas sabiduría, conocimiento y gozo (Ec. 2:26).

ORACIONES PARA QUE SUS HIJOS CAMINEN EN FAVOR DIVINO

Padre te doy gracias por tu favor. Creo en el poder de tu favor.

Creo que mis hijos crecen en tu favor. Declaro que ellos desean caminar en altos niveles de favor. Ellos reciben abundancia de favor, y ellos reinan en vida a través de tu favor. Ellos reciben gran favor.

Mientras mis hijos crecen en el conocimiento tuyo y del Señor Jesucristo, creo que el favor se multiplica en ellos. Ellos son dadores. Según dan, tu favor abunda alrededor de ellos. Declaro que son misericordiosos y confiables. Tienen favor con Dios y los hombres.

Me humillo y te pido por tu favor sobre mis hijos. Ellos
necesitan tu favor en cada área de sus vidas.

Tu favor fluye en abundancia en la vida de mis
hijos. Gracias, Padre, por tu favor en ellos.

Creo que tú apoyas, endosas, ayudas, haces las cosas más fáciles,
promueves y honras a mis hijos por causa de tu favor. Ellos
disfrutarán de un estado de "hijos favorecidos" de su Padre
celestial. Tu favor rodea a mis hijos como un escudo.

Te alabo y te doy gloria por tu favor en la vida de mis hijos.

Señor, tú le has concedido a mis hijos vida y favor.

Te doy gracias por tu favor al venir sobre la vida de mis hijos.

Creo que nueva vida y nuevo favor han sido ordenados para mis hijos.

Hoy, mis hijos reciben nueva vida y nuevo favor.

Creo que el favor es un regalo del cielo.

Mis hijos reciben el regalo de vida, el regalo de vida eterna.

Mis hijos reciben el regalo de favor y el regalo de
gracia sobre sus vidas en el nombre de Jesús.

Gracias, Señor, porque vienen a la vida de mis hijos nueva
gracia y nuevo favor, nueva prosperidad y nueva bendición.

Mis hijos son la niña de los ojos de Dios.

Mis hijos son los favorecidos de Dios.

Dios favorece, ama, y ha escogido a mis hijos desde la
fundación del mundo para recibir su gracia y favor.

Mis hijos reciben favor extraordinario para
sus vidas en el nombre de Jesús.

Permite que mis hijos sean bien favorecidos (Gn. 39:6).

Señor, muéstrales a mis hijos misericordia y dales favor (Gn. 39:21).

Dales a mis hijos favor a los ojos del mundo (Éx. 12:36).

Permite que mis hijos sean saciados con tu
favor como Neftalí (Dt. 33:23).

Permite que mis hijos tengan favor contigo y con los hombres
(1 S. 2:26).

Permite que mis hijos tengan favor con el rey (1 S. 16:22).

Permite que mis hijos tengan gran favor a los ojos del rey (1 R. 11:19).

Permite que mis hijos encuentren favor como Ester (Est. 2:17).

Concédele a mis hijos vida y favor, y que tu
visitación guarde sus espíritus (Job 10:12).

Oro a ti, Señor, concédele favor a mis hijos (Job 33:26).

Bendice a mis hijos y rodéalos con tu favor como un escudo
(Sal. 5:12).

En tu favor está la vida (Sal. 30:5).

Haz que mis hijos se paren firmes como
montañas por tu favor (Sal. 30:7).

Por tu favor, el enemigo no triunfará sobre mis hijos (Sal. 41:11).

A través de tu favor, mis hijos son liberados de la cautividad (Sal. 85:1).

Permite que el sonido de trompeta sea exaltado
sobre mis hijos (Sal. 89:17).

El tiempo de favor de mis hijos ha llegado (Sal. 102:13).

Suplico tu favor en relación a mis hijos con todo mi corazón
(Sal. 119:58).

Mis hijos escogen tu favor amoroso en lugar del oro y la plata
(Pr. 22:1).

Permite que mis hijos sean altamente favorecidos (Lc. 1:28).

Capítulo 28

EL AYUNO PARA VER LA SALVACIÓN SOBRE LOS SERES AMADOS NO SALVOS

Orando también al mismo tiempo por nosotros, para que el
Señor nos abra puerta para la palabra, a fin de dar a conocer el
misterio de Cristo, por el cual también estoy preso.
—COLOSENSES 4:3

L AS PUERTAS SON puntos de entrada que proveen acceso. El acceso de Dios a una familia puede venir a través de una persona. Cada persona está conectada a alguien más, y todo el mundo tiene cierta influencia en la vida sobre algún otro. La familia consiste en fuertes relaciones interpersonales que Dios usa para conectar personas al evangelio y a la salvación.

A través del Nuevo Testamento las palabras, *salvo, salvado y salvación* tienen su raíz en la palabra griega *sozo*, que significa salvar, rescatar, liberar, proteger. *Sozo* también se traduce en el Nuevo Testamento con la palabra sanar, preservar, salvar, hacer bien y hacer completo. La palabra en griego *soteria* (la cual se origina en *sozo*) es la principal para "salvación". *Soteria* se traduce también como liberación, salud, salvación, salvar y guardar.

Sozo, que es usada ciento diez veces en el Nuevo Testamento, es originalmente una palabra griega que significa "salvar, hacer bien, completo". De acuerdo a la concordancia Strong, *sozo* significa "rescatar del peligro; salvar, entregar para la salvación divina; sanar, restituir la salud". Los escritores del Nuevo Testamento mostraron lo completo de la palabra *sozo* al utilizarla en diferentes contextos para referirse a los diferentes aspectos de la salvación.

1. Para salvar, mantener a salvo, para rescatar a alguien del peligro y la destrucción (de lesión o peligro)
2. Para salvar a uno que sufre (de perecer), uno que sufre de enfermedad, para hacer bien, sanar, restaurarle la salud
3. Para preservar a uno que está en peligro de destrucción, para salvar o rescatar
4. Para salvar en el sentido técnico bíblico de la palabra
5. Para liberar de la penalidad del juicio mesiánico
6. Para salvar de la maldad que obstruye la recepción de la liberación mesiánica

Un creyente de pacto puede abrir las puertas de salvación para su familia al caminar con Dios en la forma como Abraham lo hizo. Un creyente de pacto puede caminar en obediencia y fe. Un creyente de pacto puede interceder por su familia y esperar que Dios los salve y los sane. Dios escucha la oración de los justos. Él es amigo de los fieles. La medida completa de salvación es extendida a su familia a causa del pacto.

Existen numerosos ejemplos en las Escrituras de cómo la salvación llega a una familia completa. Sólo la eternidad puede revelar el número de los que han sido salvos por generaciones. La buena noticia es que Dios desea visitar su casa y salvarla igualmente por completo.

> En cualquier casa donde entréis, primeramente decid: Paz sea a esta casa. Y si hubiere allí algún hijo de paz, vuestra paz reposará sobre él; y si no, se volverá a vosotros.
>
> —Lucas 10:5–6

El shalom (paz) puede llegar a una casa. El evangelio es un evangelio de paz. La salvación trae paz. Paz es la palabra shalom que significa, salud, favor, plenitud. Este es el deseo de Dios para tu casa, que crean al evangelio de paz.

Oraciones para salvación de la familia

Señor, tu eres un Dios fiel, el Dios que guardas el pacto. Tú guardas el pacto y la fidelidad por mil generaciones. Yo tengo un pacto contigo por medio de la sangre de Jesús, el cual provee salvación, perdón y bendición a mi vida. Tú le prometiste a Abraham que a través de su simiente todas las familias de la tierra serían bendecidas.

Vengo delante de ti a pedir que tu salvación, protección, liberación y sanidad se manifieste en mi familia. Pido por cualquiera de mi familia que no está en el pacto contigo sea atraído a ti por tu Espíritu Santo y acepte a Cristo como Señor y Salvador. Oro para que el pacto de bendición venga sobre mi familia y que mi familia pueda recibir los beneficios de ese pacto de bendiciones.

Ten misericordia de mi familia, y permite que tu amor bondadoso y tu tierna misericordia sean sobre ellos. Permite que tu gracia y favor sean sobre mi familia. Permite que mi familia en esta generación sea bendecida, y que generaciones futuras caminen en tu pacto y sean bendecidas.

Señor, salva a mi familia.

Señor, permite que tu palabra venga a cada miembro de mi familia, y que ellos crean.

Yo ato y reprendo todo demonio que haya sido asignado a miembros de mi familia para prevenir que ellos reciban salvación.

Señor, permite que la salvación llegue a mi casa. Permite que mi casa entera sea como la casa de Obed-Edom (2 S. 6:11).

DECLARE LA SALVACIÓN DEL SEÑOR SOBRE SU FAMILIA

Mi familia está esperando por tu salvación, Oh Señor (Gn. 49:18).

Mi familia espera por la salvación de mi Señor, y nosotros cumplimos sus mandamientos (Sal. 119:166).

Mis ojos verán la salvación del Señor sobre mi familia (Sal. 2:30).

El Señor es la roca de mi salvación para mi familia. Él es nuestro refugio, y no resbalaremos (Sal. 62:6).

La salvación pertenece al Señor, y su bendición está sobre mi familia (Sal. 3:8).

Mi familia confía en las misericordias del Señor, y nuestros corazones se regocijan en su salvación (Sal. 13:5).

Mi familia se regocija en la salvación del Señor (Sal. 35:9).

El Señor, nuestra salvación, se apresura para ayudar a mi familia (Sal. 38:22).

El Señor restaurará a mi familia el gozo de su salvación y nos sostendrá por su generoso Espíritu (Sal. 51:12).

Permite que el camino del Señor sea conocido en mi familia y su salvación entre todos nosotros (Sal. 67:2).

El Señor obra su salvación en medio de nosotros (Sal. 74:12).

El Señor muestra misericordia a mi familia y nos concede su salvación (Sal. 85:7).

Mi familia espera calladamente la salvación del Señor (Lm. 3:26).

El Señor satisfará a mi familia con larga vida, y le mostrará su salvación (Sal. 91:16).

Mi familia busca diligentemente la salvación del
Señor, y su ley es nuestra delicia (Sal. 119:123).

Mi familia te alaba, oh Señor, por cuanto nos has contestado
y has venido a ser nuestra salvación (Sal. 118:21).

Mi familia anhela la salvación del Señor, y su ley es nuestra delicia (Sal. 119:174).

El Señor ha levantado trompeta de salvación por mi familia (Lc. 1:69).

Por la remisión de sus pecados, el conocimiento de
salvación es dado a mi familia (Lc. 1:77).

La gracia de Dios, que brinda salvación, se le
ha aparecido a mi familia (Tit. 2:11).

Jesús es el autor de eterna salvación para mi familia,
porque ellos le han obedecido (Heb. 5:9).

Dios es la salvación de mi familia. Confiaremos en Él y no
tendremos temor. El Señor es nuestra fuerza y canción (Is. 12:2).

El Señor traerá su justicia cerca de mi familia. No
estará lejos. Su salvación no se detendrá. Él nos
salvará, porque somos su gloria (Is. 46:13).

Ciertamente el Señor, nuestro Dios, es la salvación de mi familia (Jer. 3:23).

El Señor le ha dado a mi familia el escudo de la salvación (2 S. 22:36).

El Señor es la roca de salvación para mi familia (2 S. 22:47).

El Señor es la torre de salvación para mi familia. Él muestra su
misericordia para con nosotros y nuestros descendientes (2 S. 22:51).

Mi familia cantará al Señor y proclamará las buenas
nuevas de su salvación de día en día (1 Cr. 16:23).

Mi familia se regocija en el Dios de mi salvación (Sal. 9:14).

La gloria de mi familia es mayor en la salvación del Señor. Honor
y majestad han sido colocados sobre nosotros (Sal. 21:5).

Mi familia espera en el Señor todo el día, porque
él es el Dios de nuestra salvación (Sal. 25:5).

El Dios de salvación de mi familia nos colma a diario de beneficios (Sal. 68:19).

El Dios de nuestra salvación nos restaurará, y su
ira hacia nosotros cesará (Sal. 85:4).

La salvación del Señor está cerca de mi familia, porque le
tememos. Su gloria reside en nuestra tierra (Sal. 85:9).

El Señor se ha acordado de su misericordia y su fidelidad para
con mi familia. Nosotros hemos visto su salvación (Sal. 98:3).

El Señor se acordará de mi familia con su favor y
nos visitará con su salvación (Sal. 106:4).

Mi familia tomará la copa de la salvación e
invocará el nombre del Señor (Sal. 116:13).

La salvación del Señor vendrá sobre mi familia
de acuerdo a su palabra (Sal. 119:41).

El Señor ha vestido a los sacerdotes de mi familia con salvación (Sal. 132:16).

El Señor es la fuerza de nuestra salvación. Él cubre
nuestras cabezas en el día de la batalla (Sal. 140:7).

El Señor se complace en mi familia y nos embellece con su salvación (Sal. 149:4).

La salvación del Señor está por llegar a mi familia, y
su justicia será revelada (Is. 56:1).

Hoy llega la salvación a la casa de mi familia, porque
somos hijos de Abraham (Lc. 19:9).

La salvación de Dios ha sido enviada a mi familia, y ellos la oirán (Hch. 28:28).

Los profetas han profetizado que la gracia de la
salvación vendrá a mi familia (1 P. 1:10).

En el día de salvación, el Señor ayudará a mi familia (2 Co. 6:2).

Hoy es el día de salvación para mi familia (2 Co. 6:2).

Mi familia se ríe de sus enemigos, porque se
regocijan en la salvación del Señor (1 S. 2:1).

Hoy el Señor ha realizado salvación en mi familia (1 S. 11:13).

El Señor es escudo y cuerno de salvación para mi
familia. Él nos libra de violencia (2 S. 22:3).

A pesar de que mi familia no estima tanto a Dios, Él hizo un pacto
eterno. Esta es nuestra salvación, y Él hará que se cumpla (2 S. 23:5).

El Señor hará que la salvación aumente en mi familia (2 S. 23:5).

Mi familia glorifica al Señor y ordenan sus conductas rectamente;
por consiguiente, Él mostrará su salvación (Sal. 50:23).

El Señor es salvación para mi familia en tiempo de problemas (Is. 33:2).

Mi familia será salva con salvación eterna, y no
seremos avergonzados (Is. 45:17).

La salvación del Señor para mi familia es de
generación en generación (Is. 51:8).

El evangelio de Cristo es poder de salvación para mi familia (Ro. 1:16).

Ya es el tiempo para mi familia despertar del sueño, porque la
salvación está más cerca del primer día en que creímos (Ro. 13:11).

Que la tristeza que proviene de Dios produzca arrepentimiento
en mi familia, conduciéndolos a la salvación (2 Co. 7:10).

Mi familia confía en el Señor, después de escuchar la
palabra de verdad, el evangelio de nuestra salvación. Somos
sellados con el Espíritu Santo de la promesa (Ef. 1:13).

Mi familia se parará firme y verá la salvación
del Señor que Él hará hoy (Éx. 14:13).

El Dios de nuestra salvación salvará nuestra familia. Él nos reunirá y
liberará gracias a su nombre Santo, para gloria de su alabanza (1 Cr. 16:35).

Violencia, perdición y destrucción no se oirá más en
mi familia. Llamaremos a nuestros muros, salvación, y
a nuestras puertas, alabanza (Is. 60:18).

El Señor vestirá a mi familia con adornos de salvación
y nos cubrirá con cuerdas de justicia (Is. 61:10).

Nuestra salvación va hacia adelante como lámpara encendida (Is. 62:1).

Capítulo 29

EL AYUNO QUE ROMPE LAS FORTALEZAS EN SU CIUDAD Y SU NACIÓN

Y los bendijo Dios, y les dijo: Fructificad y multiplicaos; llenad la tierra, y sojuzgadla, y señoread en los peces del mar, en las aves de los cielos, y en todas las bestias que se mueven sobre la tierra.
—GÉNESIS 1:28

Behemot: Algo de tamaño o poder opresivo o monstruoso.[1]

CUANDO SE TRATA de orar y ayunar por grandes territorios como ciudades y naciones, usted necesita tener algún conocimiento de los espíritus que controlan esas áreas y cómo están derrotados. Voy a hablar de dos fortalezas territoriales que oprimen a ciudades y naciones, behemot y los demonios marinos, y la forma de derribarlos.

BEHEMOT

Un behemot es cualquier sistema lo suficientemente grande en tamaño o poder para oprimir a multitudes de personas. Puede ser un sistema religioso, político, cultural o económico. Los behemots son fortalezas erigidas por el enemigo para mantener alejado el evangelio y que multitudes de personas vivan en oscuridad. Ellos deben ser destruidos con el fin de ver a millones de personas salir de la oscuridad y entrar en la gloriosa luz del conocimiento de Jesucristo.

El Señor está levantando un ejército de creyentes que entienden la guerra espiritual y retará y echará abajo a los behemots de nuestro tiempo.

Ejemplos de behemot incluyen:

+ Comunismo: un sistema reciente que ha sido sacudido y está cayendo. El comunismo fue un sistema anticristiano que controlaba a millones. Durante años, la iglesia oró y ayunó por el desmantelamiento de este monstruo, y ahora vemos los resultados de nuestras oraciones.

+ Islam: controla naciones enteras, esclavizando a millones de personas a través de su mensaje anticristiano. El evangelio se mantiene alejado por este gigante, y millones están muriendo perdidos sin el conocimiento de salvación de Jesucristo. Es un sistema opresivo que esclaviza a multitudes a su rígido código de ley religiosa. La buena noticia es que el gigante del islamismo caerá al igual que el gigante del comunismo está cayendo, y el evangelio será predicado a aquellas personas por las que Jesús murió.

+ Iglesia Católica Romana: en los días de Martin Lutero, este behemot religioso controlaba reyes, gobiernos y naciones enteras de personas. La palabra del Papa era suprema y él era considerado ser la voz de Cristo en la tierra. Era considerado infalible, y tenía el derecho de instalar, aprobar o desaprobar los reyes y gobernantes. La Iglesia Católica Romana tenía autoridad absoluta en asuntos de la iglesia, para establecer y definir la doctrina, para ordenar e instalar ministros (sacerdotes), excomulgar a los miembros considerados herejes, etc. Los que no estaban de acuerdo con las enseñanzas de la iglesia, no sólo eran sujetos a excomunión, sino también a la muerte.

El evangelio de Jesucristo siempre produce libertad. Los behemots resisten el evangelio y la verdad de Jesucristo, y tratan de mantener a la gente esclava. Behemot niega la libertad religiosa, combate la existencia de la iglesia y trata de controlar la iglesia.

En la categorización de fortalezas, los santos tienen que entender que algunos están en la categoría de un behemot. Esta fortaleza no puede ser atacada como otras por el tamaño y la magnitud de su fuerza. Este tamaño puede incluir áreas geográficas, monetaria, política y fuerza militar. Tomó años de mucha oración para desmantelar el gigante del comunismo.

El hombre, en su propia fuerza, no puede domar o capturar a behemot. Sólo Dios que los creó puede domarlos y someterlos. La persistencia y la paciencia son necesarias para derribar un behemot. La oración, el ayuno y, a veces, el martirio, son necesarios para destruir a behemot.

DEMONIOS MARINOS

Al hombre le fue dado dominio sobre los peces del mar y sobre las aves de los cielos. El hombre perdió su dominio a causa del pecado. Satanás entró en la tierra por el pecado de Adán. La tierra y las aguas se vieron afectadas por la caída.

La clase de demonios que operan desde el agua se llaman demonios marinos. Los demonios marinos son de un alto rango en el reino general de Satanás y afectan a la tierra cuando los hombres les invitan a través de pactos y decisiones "conscientes" o "inconscientes". Estos espíritus representan la brujería, la lujuria, la perversión, el asesinato, la muerte, el orgullo, la rebelión, la destrucción y la codicia. Las zonas costeras son vulnerables a estos espíritus y las iglesias en estas áreas tienen que estar al tanto de sus actividades. Se necesita el poder de Dios hoy para amordazarlos, así como lo hizo Dios en el principio. Aquellos involucrados en la guerra espiritual no deben pasar por alto este componente clave del reino de Satanás.

El agua es un símbolo de la vida. No puede haber vida aparte de agua. No debe sorprendernos que los demonios quieran pervertir esta verdad y usar las aguas para traer destrucción. Ha habido violencia, sangre, asesinato, violación, esclavitud y robo dentro de nuestros océanos. Miles de esclavos fueron arrojados por la borda a través del comercio de esclavos. Riqueza, incluyendo el oro y la plata, han sido transportadas a través de los océanos, después que fueron saqueadas las tierras. Las drogas ilegales han sido transportadas a través de los mares. Los espíritus marinos promueven el asesinato y la codicia. El derramamiento de sangre provoca la contaminación. Muchas aguas se han contaminado por la sangre, la cual da a los espíritus marinos fuerza para operar. Ha habido muchos convenios hechos con espíritus conectados a las aguas (Is. 28:17).

Las vías navegables son puertas de acceso a las ciudades y naciones. Satanás siempre tratará de poseer las puertas. Él colocará algunos de sus demonios más fuertes en esas puertas. Las puertas controlan el flujo que entra y sale de una región para que entre el rey de gloria (Sal. 24:7).

Las ciudades costeras y las islas son fortalezas de demonios marinos.

Ay de los habitantes de la costa...

—SOFONÍAS 2:5

Muchas ciudades en Estados Unidos se encuentran en grandes cuerpos de agua, tales como San Francisco, Los Ángeles, Nueva York, Miami, Nueva Orléans y Chicago son bastiones de la perversión, la violencia, la drogadicción, la brujería y la rebelión. Ciudades como Amsterdam, Río de Janeiro, Estambul, Ciudad del Cabo y Mumbai son ejemplos internacionales de ciudades controladas por espíritus marinos. Estas ciudades son ciudades de entrada que incluyen puertos. Hay un alto grado de tráfico espiritual a través de estos portales. Los espíritus marinos deben ser retados y obligados, si queremos ver avivamientos en esas ciudades.

Espíritus representados por criaturas del mar

+ Espíritus que atan las mentes y las controlan tienen forma de calamar o pulpo. Esos espíritus tienen tentáculos que se envuelven alrededor de las mentes de las personas impidiéndoles pensar con claridad. Estos espíritus causan mucha confusión y les impiden ver la verdad. Estos son espíritus fuertes que a menudo requieren ayuno para poderlos destruir.

+ Los espíritus de lujuria y perversión, a menudo, pueden tomar forma de ranas.

+ El espíritu de orgullo toma la forma de una gran serpiente de mar, Leviatán.

+ Algunos espíritus están representados por peces voladores y aves que nadan (Gn. 1:20). Algunas aves viven en el agua (la cigüeña y la garza, ambas aves inmundas—Dt. 14:18).

Dios está enojado con estas entidades que operan desde las aguas y Él los juzgará (Zac. 10:11). Estas entidades orgullosas deben inclinarse ante el poder de Dios. Podemos liberar el juicio y la ira de Dios contra ellas.

Dios desea liberar a los que están controlados por estos espíritus. El agua, que es un símbolo de la vida, se convierte en la muerte a través de la operación de estos espíritus. Las personas bajo la influencia de estos espíritus se sienten como si se estuvieran ahogando en muchas aguas.

Hay muchas escrituras que se refieren a la liberación de aguas, inundaciones y profundidades (Sal. 18:14–17; 69:1–2; 93:3–4; 124:4–5; 130:1; 144:6–7). Estas escrituras se pueden usar en la expulsión de espíritus marinos.

A menudo, las personas atadas por la perversión, el orgullo, la lujuria y la brujería son controladas por espíritus marinos. Rompa todo lazo con el reino marino y ordene salir a los espíritus. Desate los juicios escritos en contra de ellos en las Escrituras y libere a los cautivos. Rompa cualquier pacto con el reino marino hecho por los antepasados. Rompa las maldiciones del orgullo y la brujería común con los espíritus marinos. Corte todo lazo con Leviatán, Rahab y Babilonia. Libere la espada de Jehová contra ellos y ordene a todas las aguas malas a secarse.

El ayuno es otra herramienta poderosa contra los espíritus marinos. Los espíritus marinos son fuertes y algunos sólo serán derrotados a través del ayuno.

100 PUNTOS PARA ORAR Y AYUNAR POR SU CIUDAD

¿Quiere ver cambios en su ciudad, región y nación? Este es su derecho y herencia como hijo o hija del Rey. Al orar, el Padre le dará las naciones por herencia (Sal. 2:8). Sus oraciones tienen el poder de cambiar las regiones geográficas (Ec. 8:4).

1. Ore para que Jesús sea glorificado.
2. Ore por el aumento de unción evangelística en su ciudad.
3. Ore para que los creyentes de vanguardia apostólica aumente.
4. Ore para que aumente el nivel de adoración.
5. Ore para que aumenten los milagros y el poder de Dios.
6. Ore para que la inmoralidad en las iglesias sea restringida.
7. Ore para que líderes piadosos lideren en las iglesias.
8. Ore por un aumento en las finanzas de las iglesias.
9. Ore para que lo profético aumente en su región.
10. Ore para que la liberación aumente en su región.
11. Ore para que aumente la sana doctrina y la enseñanza.
12. Ore para que la juventud sea encendida por un avivamiento.
13. Ore por el gobierno de su región.
14. Ore para que la brujería y la hechicería sean destruidos.
15. Ore por el crecimiento de la iglesia.
16. Ore para que tierras y propiedades sean liberadas.
17. Ore por la unidad entre las iglesias.
18. Ore para que el conflicto y la división sean destruidas.
19. Ore para que la carnalidad sea destruida en las iglesias.
20. Ore para que ministerios ungidos sean liberados.
21. Ore para que aumente la sanidad de enfermedades.
22. Ore por la predicación ungida de la Palabra.
23. Ore para que la revelación aumente.
24. Ore por el orden en las iglesias.
25. Ore por los pastores y sus familias.
26. Ore para que los hombres vengan al reino.
27. Ore por los matrimonios.
28. Ore por los que no se han casado.

29. Ore por un avivamiento en las escuelas y colegios.
30. Ore para que la perversión sea reprendida.
31. Ore para que la violencia y la muerte sea restringida.
32. Ore en contra de la pobreza y la necesidad.
33. Ore en contra de la violencia de las gangas y la adicción a las drogas.
34. Ore en contra de las ejecuciones hipotecarias y pérdidas de propiedades.
35. Ore en contra del terrorismo.
36. Ore en contra de los desastres atmosféricos.
37. Ore en contra de fusilamientos masivos.
38. Ore en contra de la corrupción y el robo.
39. Ore en contra de la enfermedad mental.
40. Ore por los sistemas de transportación.
41. Ore por los excesos de impuestos contributivos.
42. Ore por los falsos ministros en su región.
43. Ore por los espíritus de control en las iglesias.
44. Ore para que los que reinciden vuelvan a Dios.
45. Ore para que el reino avance en su región.
46. Ore para que la gente correcta sea electa.
47. Ore para que el Espíritu Santo se derrame.
48. Ore por milagros y visitación inusuales.
49. Ore por conversiones masivas.
50. Ore para que los medios de comunicación sean abiertos a las iglesias.
51. Ore para que leyes impías sean detenidas y revertidas.
52. Ore para que los justos sean promovidos.
53. Ore para que los malvados sean expuestos.
54. Ore por el favor sobre las iglesias y ministerios.
55. Ore en contra de las brujas y lo oculto.
56. Ore por la intervención angelical.
57. Ore por estrategias apostólicas.
58. Ore por un aumento de sabiduría.
59. Ore para que el temor de Dios venga a su región.
60. Ore por milagros creativos.
61. Ore por un crecimiento económico en su región.
62. Ore por nuevas tecnologías.
63. Ore por reconciliación racial.

64. Ore en contra del racismo e injusticia.
65. Ore para liberar equipos apostólicos.
66. Ore en contra de la tibieza en las iglesias.
67. Ore en contra de falsas religiones y templos.
68. Ore por las viudas.
69. Ore por los ancianos.
70. Ore por las personas sin hogar.
71. Ore en contra del aborto y el asesinato.
72. Ore en contra del embarazo de adolescentes y la ilegitimidad.
73. Ore para que las ciudades del interior sean reconstruidas.
74. Ore por la gente encarcelada.
75. Ore para que ministerios emerjan.
76. Ore por escuelas bíblicas y equipamiento ministerial.
77. Ore por librerías cristianas y negocios.
78. Ore para que visiones y sueños se manifiesten.
79. Ore para que el amor aumente.
80. Ore por los ujieres y ministerios de ayuda.
81. Ore por la iglesia para niños.
82. Ore por la policía y los departamentos de bomberos.
83. Ore por las bases militares.
84. Ore por hospitales y hogares de ancianos.
85. Ore contra el crimen y el vicio.
86. Ore por la restauración de la familia.
87. Ore contra el desempleo.
88. Ore por la seguridad y protección de las ciudades.
89. Ore para exponer agendas satánicas y demoniacas.
90. Ore por salmistas y artistas ungidos.
91. Ore por los administradores de iglesias.
92. Ore por artes creativas y piadosas.
93. Ore para que cosas nuevas sean desatadas.
94. Ore por la misericordia de Dios sobre nuestras ciudades.
95. Ore en contra del legalismo y las ataduras religiosas.
96. Ore para que el honor sea restaurado a la iglesia.
97. Ore en contra de los escándalos ministeriales y de iglesias.
98. Ore para que las puertas de la ciudad sean abiertas al Rey.
99. Ore por los guardianes de la ciudad o región.
100. Ore por un avivamiento.

ORACIONES CONTRA EL TERRORISMO

Ato y reprendo cada águila roja de terror que venga en contra de mi nación en el nombre de Jesús. (Jer. 49:22).

No tendré temor del terror nocturno (Sal. 91:5).

Ato y reprendo todo terrorismo en complot contra mi nación, en el nombre de Jesús.

Ato y reprendo todo espíritu de odio y asesinato que se quiera manifestar a través del terrorismo en el nombre de Jesús.

Ato y reprendo todo terrorismo religioso en el nombre de Jesús.

Ato y reprendo todo espíritu de anticristo y odio hacia el cristianismo en el nombre de Jesús.

Ato todo espíritu de odio hacia los Estados Unidos en el nombre de Jesús.

Ato y reprendo todo demonio de la Yihad en el nombre de Jesús.

Ato y reprendo el terror de la muerte en el nombre de Jesús (Sal. 55:4).

Ato todo miedo y pánico que venga a través del terrorismo en el nombre de Jesús.

Líbrame de hombres violentos y sanguinarios (Sal. 140:1).

Corto los actos de violencia de las manos de los impíos (Is. 59:6).

Permite que la asamblea de hombres violentos sea expuesta y cortada (Sal. 86:14).

Que la violencia no esté más en mis fronteras (Is. 60:18).

ORACIONES POR SU NACIÓN

Oro para que los líderes de mi nación vengan a la luz (Is. 60:3).

Hago súplicas, oraciones, intercesión, y doy gracias por toda la gente de mi nación y por los líderes de mi nación, a fin de vivir una vida reposadamente en toda piedad y honestidad (1 Ti. 2:1–2).

Pon temor en el corazón de nuestros líderes hacia ti (Pr. 21:1).

Permite que nuestros líderes sean justos, y permite
que gobiernen en el temor de Dios (2 S. 23:3).

Permite que nuestros líderes se postren delante del
Señor y dejen que mi nación le sirva (Sal. 72:11).

Permite que los pobres y la gente necesitada de
mi nación sea liberada (Sal. 72:12–13).

Permite que el dominio del Señor sea establecido en mi
nación, y que sus enemigos laman el polvo (Sal. 72:8–9).

Permite que el Señor gobierne sobre mi nación, y que
mi nación se alegre y se regocije en ti (Sal. 97:1).

Permite que mi nación cante una nueva canción, bendiga tu
nombre, y manifieste su salvación día a día (Sal. 96:1–3).

Permite que la gente de mi nación tiemble a la presencia del Señor (Sal. 99:1).

Permite que mi nación haga un ruido alegre al Señor, y
que la gente le sirva con alegría (Sal. 110:1–2).

Permite que nuestros líderes te alaben, y que ellos
oigan las palabras de tu boca (Sal. 138:4).

Permite que el impío sea cortado y se marchite
como la hierba verde (Sal. 37:2).

Permite que toda la gente de mi nación se tornen
al Señor y lo adoren (Sal. 22:27).

Mi nación es del Señor y su plenitud, y todos
los que en ella habitan (Sal. 24:1).

Permite que todos los idólatras en mi nación sean confundidos,
y que todos los dioses adoren al Señor (Sal. 97:7).

Permite que mi nación alabe al Señor por su
misericordiosa bondad y verdad (Sal. 117).

Salva mi nación, oh Señor, y envía prosperidad (Sal. 118:25).

Permite que los impíos sean desarraigados de nuestra tierra (Pr. 2:22).

Oro para que mi nación se someta al gobierno y reinado de Cristo (Dn. 7:4).

Oro para que mi nación traiga sus riquezas al reino (Ap. 21:24).

Oro para que mi nación se convierta y traiga riquezas al rey (Is. 60:5).

Oro para que mi nación sea sanada por las hojas del árbol de la vida (Ap. 22:2).

Oro para que mi nación manifieste las alabanzas de Dios (Is. 60:6).

Oro para que mi nación vea la gloria de Dios (Is. 35:2).

Permite que los que sean sordos oigan las palabras del libro, y
que los ciegos vean más allá de la oscuridad (Is. 29:18).

Oro que Jesús gobierne sobre mi nación en justicia y juicio (Is. 32:1).

Oro para que mi nación venga a Sion a ser enseñada,
y aprendan más de guerra (Is. 2:1–4).

Oro para que mi nación busque al Señor y entre en su reposo (Is. 11:1).

Oro para que los lugares secos en mi nación se conviertan
en pozos, y en cada área sedienta brote agua (Is. 35:7).

Oro para que la gloria del Señor sea revelada a mi nación
y que todos los habitantes la vean (Is. 40:5).

Permite que el Señor traiga justicia y juicio a mi nación (Is. 42:1).

Oro para que el Señor haga algo nuevo en mi nación,
dando aguas y arroyos en el desierto (Is. 43:19–20).

Que la paz (shalom) venga a mi nación como un río (Is. 66:12).

Que mi nación sea rociada con la sangre de Jesús (Is. 52:12).

Permite que los hijos de mi nación sean enseñados por el Señor (Is. 54:13).

Oro para que mi nación busque y encuentre al Señor (Is. 65:1).

Permite que mi nación sea llena con sacerdotes
y levitas que adoren al Señor (Is. 66:21).

Permite que la gente de mi nación venga y adore al Señor (Is. 66:23).

Permite que la gente construya casas y las habiten (Is. 65:21).

Permite que mi gente plante viñedos y coman de sus frutos (Is. 65:21).

Permite que mi gente disfrute el trabajo de sus manos (Is. 65:22).

Permite que los enemigos en mi tierra se reconcilien (Is. 65:25).

Permite que mi nación sea llena del conocimiento
de la gloria del Señor (Hab. 2:14).

Permite que mi nación sea salva y camine en la luz de Sion (Ap. 21:24).

Que Dios tenga misericordia de nosotros y nos bendiga, y haga
resplandecer su rostro sobre nosotros. Que sus caminos nos sean
notificados, y en todas las naciones su salvación (Sal. 67:1).

Permite que todo pacto con la muerte y el infierno
sean rotos en nuestra nación (Is. 28:18).

Permite que mi nación mire al Señor y sea salva (Is. 45:22).

Que el Señor desnude su santo brazo, y permita que
mi nación vea la salvación del Señor (Is. 52:10).

Permite que todo velo sobre mi nación sea destruido (Is. 25:7).

Mi nación es la herencia del Señor; permite que Él la posea (Sal. 2:7–8).

El reino es del Señor, y Él es el gobernador de mi nación (Sal. 22:28).

Permite que el pueblo que anda en tinieblas en mi
nación vea la luz, y que tu luz brille sobre aquellos
que andan en sombras de oscuridad (Is. 9:2).

Permite que tu gobierno y paz (shalom) aumente
continuamente en mi nación (Is. 9:7).

Permite que tu justicia y juicio aumenten en mi nación (Is. 9:7).

Permite que aquellos en mi nación que no son tu pueblo
sean llamados hijos del Dios viviente (Ro. 9:25–26).

Permite que la justicia, la paz y el gozo en el Espíritu
Santo aumente en mi nación (Ro. 14:17).

Capítulo 30

EL AYUNO POR LA UNCIÓN EN SU VIDA

Antes bien, nos recomendamos en todo como ministros
de Dios, en mucha paciencia... en ayunos.
—2 Corintios 6:4-5

EL AYUNO ES una de las formas en que nosotros nos aprobamos a nosotros mismos como ministros de Dios. Cada creyente es un ministro. Todo creyente ministra salvación, sanidad y liberación a otros. El ayuno es una de las formas en que nos aprobamos a nosotros mismos como ministros de Dios. Los ministros de Dios están supuestos a ayunar. El ministro que no ayuna no está aprobándose a sí mismo. El ayuno es una de las formas en que nos probamos a nosotros mismos como genuinos ministros de Dios.

El ayuno debe ser parte de cualquier ministerio apostólico y profético genuino. La gente apostólica y profética necesita la gracia que resulta de ayunar para ser pioneros y producir el avance. Ayunar ayuda a desatar la revelación y el entendimiento en los planes y propósitos de Dios.

EL AYUNO LE DA FUERZA ESPIRITUAL

El Señor es mi luz y mi salvación; ¿de quién temeré? El Señor
es la fortaleza de mi vida; ¿de quién he de atemorizarme?
—Salmo 27:1

El alimento es lo que da fuerza física. Cuando usted ayuna, está privándose de lo que le da fortaleza física. Usted, en esencia, está diciendo: "El Señor es la fuerza de mi vida".

Como creyentes y ministros de Dios, debe entender que no puede servir a Dios en su propia fuerza. El ayuno le ayuda a entrar en la fuerza de Dios. Su espíritu será fuerte a través del ayuno, y esto le ayudará a vencer la debilidad de la carne.

Yo recomiendo ayunar cuando se sienta cansado y agotado, especialmente si es debido al ministerio. De hecho, el ayuno le dará reposo a su sistema digestivo y le ayudará a vencer el cansancio y la preocupación. El ministerio libera mucha virtud, y usted debe ser muy cuidadoso para no comenzar a depender de sus fuerzas y de su carne para ministrar.

EL AYUNO: NO SÓLO DE PAN VIVIRÁ EL HOMBRE

Y te afligió, y te hizo tener hambre, y te sustentó con maná, comida que no conocías tú, ni tus padres la habían conocido, para hacerte saber que no sólo de pan vivirá el hombre, más de todo lo que sale de la boca de Jehová vivirá el hombre.

—DEUTERONOMIO 8:3

Dios hizo sufrir a Israel de hambre cuando los alimentó con maná por cuarenta años. Él hizo esto para dejarles saber que no sólo de pan vivirá el hombre, sino de toda palabra que procede de la boca del Señor.

Jesús, respondiéndole, dijo: Escrito está: No sólo de pan vivirá el hombre, sino de toda palabra de Dios.

—LUCAS 4:4

Jesús citó este verso en Deuteronomio cuando concluyó sus cuarenta días de ayuno, mientras estaba siendo tentado por el diablo. Cuando usted ayuna, está declarando que "no sólo de pan vivo, sino de toda palabra que procede de la boca del Señor".

El ayuno le ayudará a recibir y vivir por la Palabra de Dios. El ayuno le ayudará a entender y recibir las profundas verdades de la Palabra. El ayuno le abrirá el camino para que camine en una mayor revelación de la palabra. Esto es justo lo que usted necesita para ser un ministro efectivo de Dios.

El ayuno liberará el Espíritu Santo y aumentará la unción profética.

Y después de esto derramaré mi Espíritu sobre toda carne, y profetizarán vuestros hijos y vuestras hijas; vuestros ancianos soñarán sueños, y vuestros jóvenes verán visiones.

—JOEL 2:28

El ayuno le ayudará a liberar el poder de la unción profética sobre su vida a través del Espíritu Santo. Esta es una de las grandes promesas dadas por el profeta Joel: que Dios derramaría su Espíritu sobre usted, y profetizaría, soñaría sueños y vería visiones. El contexto de este verso en Joel 2 es que el pueblo de Israel había sido instruido para ayunar (vea verso 12). Es al final de este periodo de ayuno que el Señor hace la promesa en el verso 28. Esta es la promesa del derramamiento del Espíritu Santo en los últimos días. El ayuno ayuda a desatar la manifestación de la profecía. El ayuno también ayuda a liberar las visiones y los sueños. La palabra del Señor es salud y vida a su espíritu.

El ayuno liberará el poder del Espíritu Santo para que lo milagroso ocurra.

> Y Jesús volvió en el poder del Espíritu a Galilea, y se difundió su fama por toda la tierra de alrededor. El Espíritu del Señor está sobre mí, por cuanto me ha ungido para dar buenas nuevas a los pobres; me ha enviado a sanar a los quebrantados de corazón; a pregonar libertad a los cautivos, y vista a los ciegos; a poner en libertad a los oprimidos.
>
> —Lucas 4:14, 18

El ayuno aumenta la unción y el poder del Espíritu Santo en la vida del creyente. Jesús ministró en el poder después de ayunar. Él sanó enfermos y echó fuera demonios. Todo creyente está llamado a hacer las mismas obras (Jn. 14:12). El ayuno nos ayuda a ministrar sanidad y liberación a nuestras familias y a otros a nuestro alrededor. El ayuno nos ayuda a caminar en el poder de Dios. El ayuno desata la unción para que los milagros ocurran.

DECLARACIONES PARA DESATAR EL DON DE SANIDAD

Oro para que Dios me unja para tener virtud en mi vida, no sólo en mis manos sino también en mi ropa, para que dondequiera que vaya y encuentre personas enfermas, sean sanadas cuando las toque.

Creo que milagros fluyen a través de mi vida en el nombre de Jesús.

Padre celestial, mientras ayuno y oro, aumenta tu virtud
sanadora en mi cuerpo y en mi ropa, que dondequiera
que yo vaya y a quien quiera que toque, sea sanado.

Padre celestial, recibo una unción para sanidad en mis manos y
en mi cuerpo. Permite que virtud sea desatada a través de mí y
a través de mi ropa. Permite que tu poder sea desatado a través
de mí para que dondequiera que vaya la gente sea sanada.

SOMETERSE AL SERVICIO A DIOS

La gente clama por ti, Señor. Úngeme como ungiste a Benjamín.
Envíame a esta tierra como un capitán espiritual sobre tu
pueblo, y serán salvos de la mano de sus enemigos (1 S. 9:16).

Tú me has ungido y liberado de la mano de mis enemigos,
así como hiciste con el rey David (2 S. 12:7).

Me levantaré y seré limpio. Seré vestido por el Espíritu Santo.
Seré ungido mientras adoro en tu casa. Comeré del pan de vida
de la mesa que tú has preparado delante de mí (2 S. 12:20).

Torna tu rostro hacia mí, oh Dios, y recuerda tus misericordias
hacia mí como uno que has sido ungido (2 Cr. 6:42).

En tu amor por los justos y tu odio por los impíos, me has ungido con
óleo de alegría más que a todos lo que me rodean (Sal. 45:7; Heb. 1:9).

Me has ungido con aceite fresco, y ahora soy
fuerte como un búfalo (Sal. 92:10).

Vuelve tu rostro hacia mí, tu ungido (Sal. 132:10).

Mi carga será quitada de mi hombro, y el yugo removido de mi cuello
y destruido, por causa de la unción que está sobre mi vida (Is. 10:27).

ORACIONES PARA LA UNCIÓN PERSONAL

Así como el Señor dio una unción personal y específica a
Aarón, por causa de la unción, también a mí se me ha dado un
don ministerial y específico para usar, que será mío y de mis
hijos, por la ordenanza de Dios por siempre (Nm. 18:8).

Sé que el Señor salva a su ungido, y él me oirá cuando a él clame y vendrá en mi ayuda con la fuerza salvadora de su brazo (Sal. 20:6).

El Señor ha preparado una mesa delante de mí en presencia de mis angustiadores: Él ha ungido mi cabeza con aceite; mi copa está rebozando (Sal. 23:5).

El Señor es mi fuerza, y como su ungido, seré salvo por su diestra (Sal. 28:8).

Al igual que el ciego a quien Jesús le dijo que fuera a lavarse al estanque de Siloé, demandaré que el poder de la unción de Dios, fluya a través de sus siervos hoy y toquen mis ojos, para que reciba vista espiritual (Jn. 9:11).

Señor, mantén tus ojos sobre tus fieles siervos en esta tierra, que podamos vivir en ti, y ayúdanos a caminar de manera perfecta para que te podamos servir y causar que muchos busquen también tu unción (Sal. 101:6).

Padre, hazme como a Esteban, lleno de fe y poder, para que pueda hacer grandes maravillas y milagros a favor de la gente (Hch. 6:8).

Me mantendré lleno del Espíritu Santo y de fe para que muchos puedan decir: "Él es un buen hombre"; y porque a causa de tu unción en mi vida mucha gente sea añadida al Señor (Hch. 11:24).

He sido ungido para abrir sus ojos y tornarlos de las tinieblas a la luz, y del poder de Satanás a Dios, para que reciban el perdón de pecados y herencia entre los santificados (Hch. 26:18).

Doy gracias a Cristo Jesús nuestro Señor, quien me ha tenido por fiel y me puso en el ministerio (1 Ti. 1:12).

Obro milagros de acuerdo al oír por la fe y no por las obras de la ley (Gl. 3:5).

Dios me ha llamado, y Él es fiel para hacer a través de mí aquello para lo cual me llamó (1 Tes. 5:24).

La unción de Dios permanece en mí, y me enseña todas las cosas. La unción revela la verdad en mí mientras permanezco en Dios (1 Jn. 2:27).

Recibiré fuerzas para concebir esa semilla de sueño, unción y don que Dios ha depositado en mí. Declaro en fe que esos mismos sueños, unción y dones serán liberados, por causa de Dios, quien lo prometió, y me ha declarado justo (Heb. 11:11).

Ofrezco excelentes sacrificios delante de ti, oh Dios, porque tú me has hallado justo por mi fe. Doy testimonio de los dones con los que me has ungido, que aun después de muerto mis obras eternas hablarán por mí (Heb. 11:4).

Obedeceré a Dios y por la fe iré a donde Él me llame, para que pueda recibir mi herencia (Heb. 11:8).

Profeta sin honra: Oraciones contra los espíritus de la ciudad natal

Y se escandalizaban de él. Pero Jesús les dijo: No hay profeta sin honra, sino en su propia tierra y en su casa. Y no hizo allí muchos milagros, a causa de la incredulidad de ellos.

—Mateo 13:57–58

Todo espíritu de deshonra que opera contra mí en mi ciudad natal, yo te ato y te reprendo en el nombre de Jesús.

Todo espíritu de celo, envidia, que opera contra mí en mi ciudad natal, yo te ato y te reprendo en el nombre de Jesús.

Todos los espíritus familiares que me ven con ojos naturales en lugar de ojos espirituales, los ato y los reprendo en el nombre de Jesús.

Todos los espíritus de incredulidad en mis dones, llamado y unción, sean reprendidos en el nombre de Jesús.

Reprendo los demonios en mi ciudad natal que son familiares conmigo y se oponen y pelean contra mí.

Capítulo 31

CÓMO MANTENER EL AVANCE Y LA LIBERACIÓN

Así que, si el Hijo os libertare, seréis verdaderamente libres.

—JUAN 8:36

PERIODOS DE AYUNO y oración son partes importantes de la vida de un creyente, especialmente para aquellos que están envueltos en ministerios de liberación o que están en busca de liberación para ellos mismos. El ayuno conduce a la victoria y a la liberación de fortalezas, y brinda grandes niveles de fortaleza espiritual y madurez. La liberación proviene de Dios y es parte de las bendiciones de estar en contacto con Él. Solo destruye lo que es procedente del diablo; nunca destruye lo que es del Espíritu Santo, porque la liberación es una obra del Espíritu Santo, ella levanta a los santos y edifica la Iglesia. Ella derriba las fortalezas del enemigo, y levanta el trabajo de Dios. La liberación le fortalecerá y le preparará para una gran manifestación del poder de Dios. El ayuno produce el avance y trae liberación. El próximo proceso después de ayunar es continuar viviendo su vida desde el lugar de liberación el cual usted acaba de recibir.

Una de las claves principales para mantener la liberación, que es obtenida después de un periodo de ayuno y oración, es activar el don espiritual del dominio propio. El ayuno y la oración le proveen el discernimiento y la fortaleza que usted necesita para estar vigilante a identificar y erradicar aquellas áreas de su vida que están fuera de control. No regrese al estilo de vida donde usted estuvo antes y fue fácilmente arrastrado, andando desordenadamente, fuera de control, siendo rebelde, incontrolable, ingobernable, inmanejable, sin reglas, o indisciplinado. El Espíritu Santo es su brújula y su lupa en esta área. Una vida indisciplinada le traerá de vuelta a la esclavitud. No hay liberación duradera ni libertad sin disciplina.

> El que no tiene dominio sobre su propio espíritu es como una ciudad derribada y sin paredes.
>
> —PROVERBIOS 25:28

Una versión de la Biblia en inglés más sencilla, Common English Bible, traduce Proverbios 25:28 así: "una persona sin autocontrol es como una ciudad en ruinas y sin muros". Las ciudades sin muros estaban expuestas a la invasión y al ataque de fuerzas externas enemigas. Una persona sin dominio propio está abierta a los demonios.

Para mantener su liberación, usted necesita tener autocontrol en las siguientes áreas:

1. Pensamientos. Filipenses 4:8 dice: "Por lo demás, hermanos, todo lo que es verdadero, todo lo honesto, todo lo justo, todo lo puro, todo lo amable, todo lo que es de buen nombre; si hay virtud alguna, si algo digno de alabanza, en esto pensad".

2. Apetitos. Proverbios 23:2 dice: "Y pon cuchillo a tu garganta, si tienes gran apetito".

3. Conversaciones. Proverbios 25:28 dice: "Como ciudad derribada y sin muros es el hombre cuyo espíritu no tiene rienda".

4. Carácter sexual. Primera de Corintios 9:27 dice: "…sino que golpeo mi cuerpo, y lo pongo en servidumbre, no sea que habiendo sido heraldo para otros, yo mismo venga a ser eliminado".

5. Emociones. Proverbios 15:13 dice: "El corazón alegre hermosea el rostro; mas por el dolor del corazón el espíritu se abate".

6. Temperamento. Eclesiastés 7:9 dice: "No te apresures en tu espíritu a enojarte; porque el enojo reposa en el seno de los necios".

Así es como usted gana y mantiene el dominio propio, y a su vez se mantiene libre de ataduras:

1. Lea la palabra de Dios diariamente.

2. Busque un grupo de personas que crean en la Biblia, preferiblemente una iglesia, y reúnase con ellos con regularidad para la adoración, el estudio y el ministerio.

3. Ore con el entendimiento y en lenguas.

4. Coloque la sangre de Jesús sobre usted mismo y su familia.

5. Determine, en la medida que pueda, que los espíritus sean echados fuera de su vida. Haga una lista de estas áreas que Satanás tratará de recapturar.

6. La forma en que los demonios ganan entrada es a través de una vida de pensamiento indisciplinado. La mente es el campo de batalla. Usted debe derribar las imaginaciones, y traer todos los pensamientos a la obediencia a Cristo (2 Co. 10:5).

7. Ore al Padre con fervor, pídale que le haga alerta, sobrio y vigilante contra los malos pensamientos (1 P. 5:8–9).

8. Los demonios dan señales que se están acercando a usted cuando patrones de pensamientos viejos que usted tenía están tratando de regresar. Tan pronto esto pase, inmediatamente repréndalos. Tan pronto como le sea posible, declare verbalmente que usted los rechaza.

9. Usted tiene la autoridad para desatar los ángeles del Señor para combatir a los demonios (Heb. 1:14; Mt. 18:18). Ate los demonios y suelte sobre ellos los espíritus de destrucción (1 Cr. 21:12), fuego y juicio (Is. 4:4) del Señor Jesucristo. Desate los ángeles guerreros contra los demonios.

LIMPIEZA DE CASA

Hay momentos en que su casa ha sido asiento de maldad o actividad perversa. Algunas veces, las fuerzas de las tinieblas o de oscuridad habrán venido a su hogar a través de prácticas o conductas que usted ha permitido o porque alguien le haya forzado. Otras veces pueden ser espíritus profanos de residentes anteriores. Es bueno hacer una limpieza espiritual en la casa según el Espíritu Santo le dirija.

Usted puede sentir una fuerte sensación y alerta en el espíritu después de atravesar una liberación personal en la iglesia o en su pequeño grupo durante los momentos de oración. Tome aceite ungido y vaya por toda su casa y comience a declarar escrituras y oraciones como las que en este libro aparecen aplicadas a los espíritus que el Espíritu Santo le haya alertado. Si usted es un nuevo creyente, le recomiendo que usted pida a un creyente maduro o un ministro de liberación de su iglesia que vaya a su casa y le acompañe mientras usted va por su casa hablando y desarraigando tales espíritus. Yo creo que hay fuerza en los números. Es sabio, sea que usted sea un nuevo creyente o no, el tener a otros creyentes unidos a usted, especialmente si ha habido serios problemas en el hogar.

Esto es lo que el ministro de liberación Win Worley tiene que decir acerca de esto:

Algunas casas y apartamentos necesitan ser limpiados de los malos espíritus. Usted haría bien en revisar carros de segunda mano, casas y apartamentos si es que los antiguos propietarios tenían tablas de guija, y cualquier parafernalia ocultista, o si estuvieron envueltos en serias ataduras de pecados, entonces hay una razón para sospechar que tal espíritu pueda estar conectado a esa situación.

Los creyentes pueden entrar en esos locales para leer versos de la Biblia en voz alta al unísono. Ore por discernimiento y para que Dios revele objetos que necesitan ser removidos y destruidos. Observe cosas como ídolos, incienso, estatuas de Buda u otras estatuas, objetos tallados del África, del Oriente o de otros países extranjeros, tablas de guija, cualquier cosa conectada con la astrología o el horóscopo, materiales de adivinación, libros u objetos asociados con brujería, amuletos de buena suerte, libros de religiones ocultas, discos o cintas de Rock and Roll, etc. En ocasiones, el dintel de la puerta y los marcos de las ventanas deben ser ungidos con aceite. No pase por alto los lugares oscuros donde los espíritus les gusta esconderse, tales como: armarios, áticos, sótanos, espacio de arrastre, etc.[1]

MEDITAR EN LA PALABRA LO GUARDA DE CAER DE NUEVO EN LA OPRESIÓN

Cuando usted ha sido liberado a través de la liberación, su espíritu se hace consiente de las cosas de Dios. La meditación le impide volver a caer en un lugar de oscuridad y opresión que lo separa de Dios. La meditación mantiene su posición de permanencia en la Vid, el lugar de fecundidad y vida. Meditar en la Palabra de Dios es también un acto para mantenerse constantemente enfocado en la imagen y el carácter de Dios. Esto trae vida a su cuerpo mortal (Ro. 8:11) y le mantiene en un constante estado de ser fuerte cada vez más y estar vivo en Cristo. Al contemplar la gloria de Dios, vamos de gloria en gloria y de fe en fe (2 Co. 3:18). Al mantenernos, y meditar en la Palabra de Dios, somos cambiados y nos mantenemos inmunes a las trampas del enemigo.

DECLARACIONES PARA LA MEDITACIÓN

Meditaré en toda la obra del Señor y hablaré de sus obras (Sal. 77:12).

Meditaré en los preceptos del Señor y
contemplaré sus caminos (Sal. 119:15).

Príncipes se han sentado y hablado contra mí, pero yo
medito en los estatutos del Señor (Sal. 119:23).

Permite que los soberbios sean avergonzados; porque ellos me han
calumniado sin causa: pero yo meditaré en tus preceptos (Sal. 119:78).

Mis ojos están despiertos durante la noche, vigilando, para
que pueda meditar en la Palabra del Señor (Sal. 119:148).

Recuerdo los días de antaño; medito en todas tus obras;
medito sobre la obra de tus manos (Sal. 143:5).

Medito en estas cosas; para entregarme por completo a ellas; para
que mi aprovechamiento sea manifiesto a todos (1 Ti. 4:15).

Amo la ley del Señor; ella es mi meditación todo el día (Sal. 119:97).

La ley del Señor es mi delicia y en su ley
medito de día y de noche (Sal. 1:2).

Seré entendido en los caminos de los preceptos del Señor, por
lo que voy a meditar en sus maravillas (Sal. 119:27).

Recordaré los días pasados y meditaré sobre todas las obras del
Señor. Reflexionaré sobre el trabajo de sus manos (Sal. 143:5).

Levantaré mis manos a los mandamientos del Señor, los
cuales amo, y meditaré en sus estatutos (Sal. 119:48).

Un libro de memorias será escrito por mí, que temo
al Señor y medito en su nombre (Mal. 3:16).

Meditaré en el libro de la ley de día y de noche (Jos. 1:8).

NOTAS FINALES

CAPÍTULO 9: EL AYUNO QUE ROMPE LOS ESPÍRITUS DE PROCRASTINACIÓN, PASIVIDAD Y PEREZA

1. Jean Calvin, *Institutes of the Christian Religion* Volume 1 (n.p.: Hardpress, 2013).

CAPÍTULO 11: EL AYUNO PARA SER LIBRE DE LA AMARGURA, IRA Y FALTA DE PERDÓN

1. Concordancia Strong, s.v. *"marah"*, http://biblehub.com/hebrew/4784.htm.

CAPÍTULO 12: EL AYUNO PARA VENCER SOBRE LA ANSIEDAD Y LA DEPRESIÓN

1. Anthony L. Komaroff, "The Gut-Brain Connection", *Harvard Health Letter,* http://www.health.harvard.edu/healthbeat/the-gutbrain-connection.
2. Adam Hadhazy, "Think Twice: How the Gut's 'Second Brain' Influences Mood and Well-Being", ScientificAmerican.com, www.scientificamerican.com.

CAPÍTULO 14: EL AYUNO QUE LIBERA DE UN PASADO DOLOROSO

1. Merriam Webster Online, s.v. "trauma", www.merriam-webster.com.

CAPÍTULO 16: EL AYUNO PARA OBTENER LA VICTORIA SOBRE LA GULA E INDULGENCIA EXCESIVA

1. Brett and Kate McKay, "The Virtuous Life: Moderation", ArtofManliness.com, 27 de abril de 2008, www.artofmanliness.com.

CAPÍTULO 20: EL AYUNO QUE ROMPE EL PODER DE LA HECHICERÍA, EL CONTROL MENTAL Y LAZOS IMPÍOS DEL ALMA

1. Derek Prince, *The Seeking of Control*, www.scribd.com.

CAPÍTULO 22: EL AYUNO PARA ROMPER EL ESPÍRITU DE CARNALIDAD Y DOBLE ÁNIMO

1. Bruce E. Levine, "How Teenage Rebellion Has Become a Mental Illness", AlterNet, www.alternet.org.

CAPÍTULO 24: EL AYUNO QUE ROMPE CICLOS CRÓNICOS DE RETROCESOS

1. Strong's Concordance, s.v. *"meshubah"*, http://biblehub.com/hebrew/4878.htm.
2. Concordancia Strong, s.v. *"sarar"*, http://biblehub.com/hebrew/5637.htm.
3. Concordancia Strong, s.v. *"shobab"*, http://biblehub.com/hebrew/7726.htm; s.v. *"shobeb"*, http://biblehub.com/hebrew/7728.htm.

CAPÍTULO 29: EL AYUNO QUE ROMPE LAS FORTALEZAS EN SU CIUDAD Y SU NACIÓN

1. Merriam Webster Online, s.v. "behemoth", http://www.merriam-webster.com.

CAPÍTULO 31: CÓMO MANTENER EL AVANCE Y LA LIBERACIÓN

1. Win Worley, *Battling the Hosts of Hell* [En lucha con las huestes del infierno], (N.p.: H.B.C. Publications, 1976).

Te invitamos a que visites nuestra página web donde podrás apreciar la pasión por la publicación de libros y Biblias:

www.casacreacion.com

Para vivir la Palabra